Sí se puede dejar de fumar

Técnicas psicológicas para ayudarte a ti mismo

Roberto Navarro Arias

EDITORIAL PAX MÉXICO

COORDINACIÓN EDITORIAL: Matilde Schoenfeld
CUIDADO DE EDICIÓN: Sagrario Nava
PORTADA: Víctor M. Santos Gally

© 2013 Editorial Pax México, Librería Carlos Cesarman, S.A.
    Av. Cuauhtémoc 1430
    Col. Santa Cruz Atoyac
    México DF 03310
    Teléfono: 5605 7677
    Fax: 5605 7600
    editorialpax@editorialpax.com
    www.editorialpax.com

Primera edición
ISBN 978-607-7723-89-9
Reservados todos los derechos
Impreso en México / *Printed in Mexico*

Índice

Ésta es la segunda edición, actualizada, de un libro (escrito en colaboración con la maestra María Asunción Lara C.) que tuvo numerosas reimpresiones y ayudó a miles de personas a dejar de fumar.

Muchas personas intentan aliviar sus tensiones y su nerviosismo fumando cigarros; sin embargo, cuando desarrollan el hábito, encienden uno tras otro, casi sin darse cuenta.

Cevallos señala que en México y Brasil, los países más poblados de la región, donde fallecen anualmente unas 250 mil personas por causas asociadas al tabaquismo, la industria del tabaco fue acusada en 2005 de ejercer presiones, mentir y hasta de sobornar a legisladores, con el objetivo de frenar políticas restrictivas para su negocio.

A nivel mundial, la mayor parte de las estrategias publicitarias de la industria tabacalera se dirige a los niños y adolescentes, porque son más fáciles de influenciar y les reportan enormes ganancias: diariamente 100 mil jóvenes y niños se enrolan a las filas de adictos a la nicotina.

Fumar cigarros origina enfermedades y graves trastornos a la salud; según datos de la OMS (Organización Mundial de la Salud), son consecuencias directas del tabaquismo 90% de las muertes debidas a cáncer pulmonar, 25% de las causadas por enfermedades cardiovasculares y 75% de las ocasionadas por bronquitis crónica.

La OMS señala que el hábito de fumar cigarros es causa directa o indirecta de más de cuatro millones de muertes al año, de las cuales la tercera parte ocurre en países en desarrollo. Además, son muy elevados los daños que las faltas al trabajo debidas al tabaquismo provocan a la economía de una nación, así como los costos de hospitalización, y deberían tomarse en cuenta.

Según la OMS, para el año 2030 el tabaquismo será la principal causa de muerte en todo el mundo, lo que hace indispensable establecer una política mundial que favorezca todos los esfuerzos encaminados a su control, y –sobre todo– a la prevención de su inicio entre los niños y los jóvenes.

Si las tendencias actuales se mantienen, 500 millones de personas morirán a causa del tabaco, la mitad de ellas durante su madurez productiva, con una pérdida individual de 10 a 20 años de vida.

Los consumidores se empiezan a dar cuenta de que los cigarros no son tan buenos como los presenta la propaganda, sino todo lo contrario. En los países que tienen mejores sistemas educativos, como Europa y Estados Unidos, se cuida más la salud pública, y por eso la proporción de fumadores tiende a disminuir.

Al ver cerrados gradualmente esos mercados, las compañías tabacaleras tratan de incrementar sus ventas en los países en desarrollo, como el nuestro, en los que la educación es muy deficiente, la legislación no siempre se cumple, y se atiende menos la salud pública.

En México se invierten al año más de dos mil millones de pesos en campañas publicitarias para promover la venta de cigarros, según un estudio de la Conferencia de las Naciones Unidas sobre Desarrollo y Comercio (UNCTAD).

Yamaguchi (en Sánchez) advierte que "debido a la falta de políticas públicas contra el tabaquismo y de regulación de sustancias cancerígenas, para el año 2030 las enfermedades relacionadas con este mal matarán a 7 de cada 10 personas de la población latinoamericana".

A los beneficios económicos que el tabaco reporta al Gobierno por los impuestos a los cigarros, inevitablemente siguen gravísimos daños para la vida y la salud de la población, que lo obligan a gastar cada vez más para atender el creciente número de enfermos en los hospitales públicos.

El informe de la OMS (2003) considera que el tabaquismo es una epidemia: "Para los países en desarrollo la amenaza es inmediata y grave... A falta de una acción directa de los gobiernos, las enfermedades causadas por el hábito de fumar aparecerán en los países en desarrollo antes de que se hayan podido eliminar en ellos las enfermedades trasmisibles y la malnutrición, por lo que se hará todavía más profundo el abismo que separa a los países ricos de los países pobres".

Los países desarrollados han logrado reducir los índices de consumo del tabaco en los últimos años, mientras que en los países en desarrollo sigue aumentando. En México el número de fumadores se elevó de 9.2

millones de personas en 1988, a 14.3 millones de personas en 1998, y a 16 millones en 2007.

Se calcula que en nuestro país hay alrededor de 20 millones de fumadores. Muchos de ellos empezaron a fumar desde los 11 años. La Secretaría de Salud estima que al menos el 48% de la población adulta en México padece problemas causados por el tabaquismo.

En nuestro país, la etapa adolescente es la que tiene mayor riesgo para el consumo del tabaco y del alcohol; el riesgo para adquirir una dependencia a la nicotina aumenta cuando se inicia el consumo del tabaco a menor edad (en secundaria y preparatoria). Además, conviene señalar que los cigarros introducen a los menores al consumo habitual de otras drogas como la marihuana (Medina-Mora y otros).

Hace algunas décadas, las mujeres de las ciudades latinoamericanas fumaban menos que las de EU, pero esa situación ha cambiado. Eso se debe, en parte, a que las mujeres de Latinoamérica luchan por la igualdad de derechos con el hombre.

En países con mejor educación, el feminismo radical de algunas fumadoras ha sido superado por movimientos sociales más abiertos, como el naturismo y el ecologismo, que buscan una salud más plena para la humanidad, y el cuidado de todos los seres vivos y de nuestro planeta, incluyendo la calidad del aire que respiramos.

Y los fumadores nos dicen: "no me digas por qué no debo fumar; dime cómo". En efecto, dejar de fumar es una decisión que le corresponde tomar a cada persona; aunque los demás pueden desearte que abandones ese hábito, tú eres el que necesita desarrollar un firme compromiso de hacerlo.

Mediante las técnicas del autocontrol psicológico, millones de personas han dejado de fumar. Cinco factores influyeron mucho para lograr su propósito:

1. Tomaron la firme decisión de dejar de fumar.
2. Se fijaron una fecha y establecieron un buen plan para dejar el hábito.
3. Se adhirieron con empeño al plan.
4. Manejaron los síntomas de abstinencia.
5. Se mantuvieron sin fumar (etapa de mantenimiento).

En este libro te iremos explicando las técnicas del autocontrol, para que las ensayes y dejes de fumar sin grandes problemas. Es mejor que primero intentes ayudarte a ti mismo, en lugar de recurrir a la ayuda de algún profesional, a costa de mucho dinero y tiempo.

Tú mismo te convertirás en el principal agente de los cambios favorables en tus propias conductas. Serás el arquitecto de tu propio destino.

Irás aplicando el tratamiento de la manera particular como logres mejores resultados. También podrás mantener los avances positivos y prevenir las recaídas. Si acaso vuelves a fumar, puedes releer los capítulos pertinentes y practicar de nuevo las técnicas concretas que antes te dieron buenos resultados.

Dedico esta obra a mi esposa Mercedes y a mis hijos, Alejandra y Roberto.

DOCTOR ROBERTO NAVARRO ARIAS

Capítulo 1

¿Cómo se establece
el hábito de fumar?

Fumar es una manera de ingerir drogas tóxicas que la sociedad considera aceptable. Para muchos niños, es algo muy conocido, creen que eso se espera de ellos en cuanto crezcan. A algunos, sus padres fumadores les obsequian cigarros de chocolate.

Las compañías tabacaleras agregan sabores al tabaco para hacerlo más agradable. A los adolescentes les venden ilusiones de que fumar les otorga atractivo sexual instantáneo, así pueden entrar al mundo de los adultos.

En la actualidad se prohibe fumar en edificios públicos, escuelas y hospitales, lo mismo que en transportes públicos, etcétera. Los restaurantes tienen lugares separados para los que fuman y para los que no lo hacen. Se restringe la propaganda de los cigarros en el radio y la televisión y está prohibida su venta a menores de edad.

Sin embargo, en las películas de Hollywood y de nuestro país, las principales estrellas de cine –con los que se identifican los adolescentes– siguen fumando, igual que los actores y las actrices de las telenovelas, como si fuera algo sano, natural y ecológico.

En los jóvenes influye el ejemplo de sus amigos y compañeros fumadores, igual que el de sus padres y maestros adictos a la nicotina. Algunos fumadores ofrecen cigarros a las personas que los rodean. Es poco probable que los jóvenes que no fumaron en la adolescencia lo hagan más adelante.

Muchas personas sienten temor por los daños a la salud que causa el hábito del tabaquismo, pero no encuentran la manera de romper una costumbre tan bien arraigada.

Las presiones de la propaganda y del ejemplo

La publicidad presenta a los fumadores (hombres y mujeres) como jóvenes audaces, deportistas, trabajadores, estudiantes en fiestas, sensuales, confiados e intrépidos; encienden un cigarro para disfrutar mejor el momento y crear una atmósfera de mayor intimidad y confianza, mientras se relajan y descansan.

La publicidad estaría mejor empleada creando opiniones en contra del tabaquismo, y enseñando a la gente a dejar de fumar, porque ese hábito aumenta el riesgo de envejecimiento prematuro, enfermedades, invalidez y muertes antes de lo debido.

Por curiosidad, los niños y adolescentes de ambos sexos buscan entender qué sienten sus amigos cuando fuman. Los motivos de conformismo social e imitación que impulsan a los jóvenes a fumar también influyen mucho; algunos fuman para mostrar su libertad o rebeldía, e incluso para provocar enfrentamientos con sus padres y otros adultos.

Los jóvenes utilizan los cigarros como señal de que han entrado al mundo de los adultos: pueden ir a fiestas (y a los antros), tener amistades con personas del sexo opuesto, etcétera. Muchos suponen que así nadie los va a ver, ni tratar como niños.

Cuando sus padres fuman, los adolescentes tienen dos veces más probabilidad de hacer lo mismo, que los demás. Al fumar, no sólo imitan a sus padres; también siguen el ejemplo de algunos amigos y compañeros de escuela.

Los primeros cigarros que consumen son poco satisfactorios; sin embargo, reciben apoyo y simpatía de ciertos compañeros que les ofrecen cigarros como muestra de camaradería. En las fiestas se utiliza el tabaco (junto con el alcohol) para fomentar la diversión.

Pasado el disgusto inicial, se establece el hábito del tabaquismo en las personas que siguen fumando; las que inhalan el humo de los cigarros (les "dan el golpe") también adquieren una dependencia fisiológica a la nicotina.

La dependencia psicológica (habituación)

En psicología, un hábito se define como la conexión aprendida –condicionada– entre un estímulo y una respuesta. Por su parte, la respuesta está asociada con un premio (reforzamiento). Fumar es un hábito difícil de eliminar, debido a que se repite infinidad de veces el ciclo: estímulo + respuesta + reforzamiento.

Las circunstancias (los estímulos) que impulsan a las personas para que fumen, son muy variadas, lo mismo que las motivaciones (las ventajas, premios o reforzamientos) que obtienen cuando fuman.

Un modo de entender la fuerza de un hábito arraigado, es pedir a alguien que te enrede un hilo delgado que sujete tus manos por las muñecas. Si tienes una o pocas vueltas, te será fácil romper el hilo y quedarás libre. Pero si estás bien enredado, te será difícil o imposible, a no ser que puedas quitar las vueltas una por una.

La dependencia psicológica o habituación se debe principalmente a los beneficios de fumar. Muchas personas siguen fumando por temor a que les faltarán ciertas ventajas en caso de que ya no lo hicieran.

Las que intentan calmarse fumando llegan a suponer que no podrían controlar el nerviosismo de ningún otro modo. Como es natural, se van a sentir nerviosas cuando dejen de fumar. Sin embargo, hay otras salidas para el nerviosismo si practicaran algún deporte o hicieran algún ejercicio, se sentirían más calmados y disfrutarían mejor salud que nunca.

Rusell advierte que la conducta de fumar se refuerza en primer lugar debido a que el fumador recibe recompensas de tipo social. Se ve envuelto por una imagen de precocidad, inteligencia, atractivo sexual y satisfacción con la vida que la propaganda asocia con los cigarros. Aunque esta imagen es superficial y falsa, la compran muchos adolescentes.

En segundo lugar, existen recompensas de tipo sensorial y táctil, junto con otros que se producen a nivel respiratorio y cerebral. Ya mencionamos el olor y sabor de los cigarros, y podemos agregar su textura y apariencia.

En tercer lugar, están los efectos calmantes y tranquilizantes que son tan apreciados por las personas tensas y nerviosas. En cuarto lugar, los cigarros alertan: disminuyen las sensaciones de sueño, fatiga o aburrimiento y también ayudan a matar el hambre.

Los que empiezan a fumar, lo hacen solamente en fiestas y eventos sociales parecidos; con el tiempo encienden cigarros en contextos más variados (incluso cuando están solos) y al desempeñar actividades cada vez más diversas.

Los estímulos perceptivos que les marcan las situaciones en las que se permiten fumar se generalizan: enciende un cigarro cuando se levantan y siguen fumando todo el día, casi en cualquier lugar y situación: cuando platican, conducen el automóvil, comen, ven televisión y trabajan con la computadora, etcétera. Terminan por fumar continuamente, sin que importe lo que están haciendo.

Como explicaremos en los siguientes capítulos, para dejar de fumar, es importante que aprendas a llevar un cuidadoso control de las circunstancias que te impulsan a fumar de manera más o menos automática.

Se calcula que las personas que consumen una cajetilla diaria inhalan el humo unas 75 000 veces al año. Se trata de un hábito muy bien aprendido; cada inhalación es un premio o reforzamiento. Un cigarro se puede inhalar de siete a diez veces; si multiplicamos por el número de cigarros que fuman al día, por los días del año, y por los años que han fumado, resulta un número enorme de reforzamientos que han dado su fuerza al hábito de fumar.

Cuando se premia una acción, aumenta la probabilidad de que ésta se repita, sobre todo cuando el premio sigue a la acción de inmediato. Los placeres por fumar son inmediatos, mientras que los daños a la salud ocurren en forma gradual, a lo largo de meses y años. El fumador habitual necesitaría reflexionar acerca de las consecuencias futuras de su tabaquismo para tomarlas en cuenta.

Fumar ya no es tan placentero para los que fuman mucho (digamos 20 o 30 cigarros al día): algunas inhalaciones son agradables y otras no. Los reforzamientos al fumar no son continuos, sino intermitentes.

Los reforzamientos intermitentes hacen que sea más difícil dejar de fumar. Los fumadores aprenden a soportar la tos, el ahogo, el dolor de garganta, la falta de oxígeno, el mal aliento, etcétera, esperando que otra inhalación sea agradable, y tarde o temprano los calme y anime. Aprenden a ignorar los malestares que demuestran por la intoxicación progresiva de su organismo.

Hasta aquí explicamos la dependencia psicológica o habituación; las rutinas y ventajas placenteras que recibe el fumador mantiene su hábito de fumar. A continuación hablaremos de la otra dependencia al tabaco, que es de tipo fisiológico.

La dependencia fisiológica o adicción

El cerebro de los fumadores se acostumbra a la nicotina y la necesita. Los fumadores que encienden 20 o más cigarros al día, tienen la necesidad fisiológica de seguir haciéndolo porque desarrollaron una adicción a la nicotina.

Cerca de 90% de la nicotina del humo de los cigarros se absorbe por las vías respiratorias (pulmones y tráquea). Se absorbe también por las paredes del intestino, a través de la mucosa oral y a través de la piel. La mayor parte se metaboliza en el hígado y los riñones, que también participan en el proceso de absorción.

La cantidad de nicotina y de alquitrán de los cigarros varía según la marca. Se calcula que en cada inhalación se absorben de 50 a 150 microgramos de nicotina, lo cual representa de .05 a 2 miligramos por cigarro. La nicotina produce distintos efectos:

1. En el cerebro, actúa como estimulante y aumenta el grado de alertamiento y la capacidad de percepción mental. Cuando se ingieren dosis tóxicas produce convulsiones, vómito, diarrea, hipotensión (presión arterial baja), bradicardia (ritmo cardiaco lento), debilidad, confusión y depresión respiratoria.
2. En el sistema nervioso periférico, la nicotina produce un efecto inicial que es estimulante. A continuación sigue el efecto de una compensación depresora. Aunque al principio la persona se siente acelerada, luego se calma.
3. En la médula suprarrenal, libera pequeñas cantidades de adrenalina, la cual actúa en el aparato cardiovascular y produce taquicardia y vasoconstricción. También eleva la presión arterial.
4. En el aparato respiratorio, el exceso de nicotina llega a causar la ruptura de los sacos alveolares, fibrosis y engrosamiento de las arterias pulmonares.
5. En el aparato digestivo provoca un aumento inicial de la secreción salival, seguido por una disminución de la misma.
6. Incrementa la secreción de jugo gástrico en el estómago. Por una estimulación parasimpática, aumenta el tono y la motilidad del intestino; también disminuye el apetito y la sensación de hambre, porque eleva –de manera transitoria– la cantidad de glucosa en la sangre (Kozlowski).

La nicotina es un poderoso gratificante (reforzador) que impulsa a los fumadores a reestablecer los niveles de nicotina a los que su organismo está acostumbrado; de esta manera evitan el síndrome de abstinencia.

Hay una cantidad de nicotina que necesita cada fumador, según la fuerza de su adicción.

Luchessi, Schuster y Emley administraron nicotina por vía intravenosa a algunos fumadores. Les asignaron tareas para realizar y registraron el número de cigarros que fumaban en ese tiempo. Según los resultados, esas personas fumaron menos cigarros.

En otra investigación, Schachter reunió dos grupos de fumadores. En el primero había personas que fumaban 20 o más cigarros al día. Algunas habían intentado romper el hábito, pero tenían dificultades para hacerlo. Las personas del segundo grupo eran fumadores que consumían menos de 15 cigarros diarios y nunca habían fumado más que eso.

Durante dos semanas, las personas de estos grupos solamente fumaron los cigarros que recibían del experimentador. Los paquetes no tenían marcas comerciales y los cigarros (que tampoco tenían marca) tenían distintas cantidades de nicotina. Todos anotaron el número de cigarros que fumaban cada día.

Las personas del primer grupo consumieron más cigarros los días que contenían menos nicotina. Al contrario, las del segundo grupo fumaron siempre el mismo número de cigarros, sin importar su contenido variable de nicotina (no se comportaron como adictos). Mantenían la conducta de fumar bajo el control de las circunstancias sociales; la mayoría sólo fumaba en las fiestas y situaciones parecidas.

El mismo autor advierte que los fumadores adictos se arriesgan más cuando consumen mayor número de cigarros con menos nicotina: aunque ingieren menos nicotina por cigarro, absorben cantidades más elevadas de monóxido de carbono y de alquitrán; así aumentan las probabilidades de padecer arteriosclerosis y enfisema pulmonar, etcétera.

El síndrome de abstinencia

Cuando reducen notablemente el número de cigarros que fuman diariamente, muchas personas experimentan algunos síntomas molestos; eso indica que tienen una dependencia fisiológica (adicción) al tabaco. Su cerebro se ha acostumbrado a esta sustancia, que ahora falta; las molestias surgen porque disminuyó el nivel habitual de nicotina, principal ingrediente activo del tabaco.

Cuando ocurre el síndrome de abstinencia (síndrome es un conjunto de síntomas), la persona experimenta, en un plazo de 24 horas, al menos cuatro de los siguientes síntomas:

1. Intensos deseos de fumar
2. Irritabilidad
3. Ansiedad
4. Dificultad para concentrarse
5. Nerviosismo
6. Dolores de cabeza
7. Pesadez
8. Trastornos gastrointestinales

Varía mucho la intensidad de estos síntomas, en cada una de las personas que dejan de fumar; no siempre se presentan en todas las que abandonan ese hábito.

Durante las primeras 24 horas después de fumar el último cigarro, la sensación de necesitar tabaco y el deseo de fumar son más agudos, pero van disminuyendo en un periodo que va de unos días a unas cuantas semanas. Al final, las molestias desaparecen, y la persona queda libre de su adicción y se siente mejor que nunca.

Es muy difícil saber si los síntomas de abstinencia se deben a la falta de nicotina, o también a que en los fumadores emergen los rasgos neuróticos que habían sido alterados o suprimidos por dicha sustancia, como la ansiedad (*Diagnostic and Statistical Manual of Mental Disorders*). Por eso, los que anestesiaban su ansiedad con los cigarros, necesitan relajarse, hacer algún ejercicio físico, etcétera.

Entre los cambios favorables asociados con dejar de fumar están una disminución de la presión arterial y del ritmo cardiaco. Eso es muy beneficioso: se reduce la sobrecarga y el aceleramiento inmoderado de esas funciones.

La disonancia cognoscitiva

Conviene advertir que existen factores de tipo cognitivo (prejuicios e ideas falsas) que contribuyen a mantener el hábito de fumar. En el capítulo 4 explicaremos algunas creencias, difundidas a nivel popular que estorban a los que se esfuerzan por romper el hábito del tabaquismo.

Algunos fumadores se juzgan a sí mismos de manera muy negativa. Mc Kenell y Thomas dividen a los fumadores en dos categorías, según sus actitudes respecto al hábito de fumar: disonantes y consonantes.

Los fumadores disonantes son personas que saben que el tabaco les perjudica y desean dejar los cigarros, pero se consideran incapaces de dejar de fumar. Tienen un conflicto (disonancia), respecto a ese hábito. Los fumadores consonantes, por otra parte, no tienen mucho conflicto: un ejemplo son los que fuman poco; por eso piensan que no corren graves riesgos para su salud.

Eiser advierte que algunos fumadores se preocupan sinceramente por los peligros de su tabaquismo inmoderado, aunque también son adictos. Con el paso del tiempo, se convencen de que no tienen fuerza de voluntad: con esto, disminuyen su propia estima y ya no buscan ninguna salida, pero resuelven así su conflicto.

Nos dicen: "Me gustaría dejar de fumar si pudiera hacerlo fácilmente", aunque piensan que, para ellos, sería demasiado difícil –o imposible– hacer eso. De esta manera se engañan y se justifican; también rechazan cualquier información relacionada con los daños a la salud causados por el tabaquismo.

Consumen muchos cigarros y siguen dañando su salud, y además pagan el precio de considerarse inferiores a las demás personas. Viven criticándose y culpándose, lo mismo que lo hacen algunos alcohólicos consuetudinarios.

Dejar de fumar no es tan difícil como algunos fumadores temen que lo sea, ni tampoco es tan fácil: nadie lo ha hecho solamente con cruzarse de brazos. Es más positivo, para ti y para tu familia, que te consideres con suficiente fuerza de voluntad e inteligencia para hacerlo. Te iremos presentando las técnicas psicológicas más modernas y eficaces para que logres dejar de fumar sin grandes problemas. ¡Échale ganas y alcanzarás esta meta!

Capítulo 2

Distintos tipos de fumadores

Cuando preguntamos a algunos fumadores por qué lo hacen, sonríen vagamente y responden: "Supongo que por costumbre" o "en realidad no sé"; la verdad es que nunca han reflexionado seriamente acerca de su hábito. Es conveniente que conozcas los motivos que tienen mayor importancia para ti.

Para muchas personas, se trata de una actividad placentera, sobre todo en las situaciones sociales. Otros lo hacen por costumbre, aunque también influye la propaganda de las compañías tabacaleras y el ejemplo de los amigos que fuman. Además, hay fuertes motivos psicológicos y fisiológicos.

Los motivos que impulsan a cada persona para fumar son distintos, y algunos de ellos no son fáciles de identificar. Russell aplicó cuestionarios para determinar las situaciones en las que fumaba cada persona, los diferentes estilos de fumar, los motivos y recompensas que obtenían, entre otros.

Después de un cuidadoso análisis estadístico de sus datos, elaboró una clasificación de los distintos tipos de fumadores:

- El psicosocial
- El sensorial y táctil
- El que busca placer
- El que busca la estimulación
- El que intenta calmarse
- El adicto
- El automático

A continuación los presentamos:

El fumador psicosocial

En su mayor parte, se trata de niños, adolescentes y jóvenes adultos. Para ellos, fumar es un símbolo de fuerza, precocidad, atractivo sexual, sofisticación y buen gusto. Buscan y reciben recompensas de tipo social y psicológico. Así, muchos estudiantes de secundaria fuman porque desean pertenecer al grupo de sus mejores amigos, que son fumadores.

La propaganda de las compañías tabacaleras se dirige principalmente a los niños y adolescentes: les hace creer que si fuman serán atractivos para las personas del sexo opuesto. Ellos empiezan a fumar arrastrados por este tipo de motivos, y también están interesados en demostrar a los demás que ya no son niños.

Al principio, los jóvenes fuman de modo ocasional, sobre todo en las fiestas y otras situaciones sociales. Muchos de ellos fuman cada vez más, hasta que desarrollan el hábito del tabaquismo y se vuelven adictos; otros jóvenes, en particular los que no inhalan el humo de los cigarros, siguen fumando solamente en circunstancias de tipo social.

Otros motivos para fumar son la curiosidad, el deseo de imitar a los padres, hermanos mayores y amigos, en caso de que ellos fumen. También es importante el deseo de fumar para ser aceptados por un grupo de amigos y compañeros que fuman (por ejemplo en los antros).

Por otra parte, fumar se ha transformado, para muchas mujeres, en un símbolo de liberación femenina. En los países en desarrollo, como el nuestro, las jóvenes actuales fuman mucho más que las de hace cinco o diez años.

El fumador sensorial y táctil

Hay sensaciones placenteras que motivan a ciertos fumadores. Así, la apariencia y la textura de las cajetillas, las sensaciones de tener el cigarro en la mano y en la boca, el olor y sabor del tabaco; el proceso de encender un cigarro, inhalarlo y contemplar el humo que exhalan. Si agregamos el sabor y los sonidos de la combustión, tenemos una especie de ritual en el que ellos se sumergen.

Para este tipo de fumadores, renovar las sensaciones y repetir los actos es más agradable que los efectos fisiológicos que buscan otros. Las gratificaciones de tipo sensorial y de manipulación resultan evidentes en el caso de algunos fumadores de pipa: después de un elaborado ritual de limpiarla y llenarla de tabaco, la encienden y a veces solamente chupan unas cuantas veces, sin inhalar el humo. Luego contemplan el humo antes de que se les apague la pipa y tengan que encenderla de nuevo.

Esta motivación para fumar no es muy frecuente: solamente 10% de los fumadores considera que las sensaciones y los movimientos son importantes para ellos.

El fumador que busca el placer

La mayoría de los fumadores ocasionales y moderados, que consumen menos de 20 cigarros al día, caen en esta categoría. Cuando fuman, buscan la relajación y el placer. De ordinario lo hacen en momentos de descanso, cuando pueden disfrutar los cigarros.

Fuman después del trabajo, como una especie de premio o recompensa. También lo hacen para aumentar el placer de las fiestas, para acompañar el café o las bebidas alcohólicas que consumen, también de modo ocasional.

Pueden pasar dos o tres horas sin fumar porque su atención está dirigida a otras actividades. Fuera de las situaciones sociales o de descanso, no sienten necesidad de fumar, aunque la mayoría inhala el humo de los cigarros. Los fumadores de tipo recreativo derivan placer de algunos efectos farmacológicos de la nicotina.

El fumador que busca la estimulación

Estos fumadores usan la nicotina para avivarse y activarse cuando están trabajando o hacen algo; dicen que los cigarros les ayudan a concentrarse y pensar mejor. Fumar también les sirve para disminuir sensaciones de hambre, sueño y fatiga. Hay quienes así alivian la monotonía y el aburrimiento de una existencia rutinaria.

Les parece que fumando afrontan mejor las situaciones que los preocupan. Inhalan profundamente el humo de los cigarros, para que su organismo ingiera altos niveles de nicotina. En situaciones de estrés, es común que fumen un cigarro tras otro. Entre los que fuman para alertarse, algunos lo hacen por adicción, de manera automática.

El fumador que intenta calmarse

Es común que las personas nerviosas, hombres y mujeres, fumen con la intención de calmarse. La sustancia que calma esa ansiedad es un efecto farmacológico de la nicotina, pero también influyen las recompensas orales y el hecho de tener las manos ocupadas con los cigarros. Este modo de fumar también suele estar asociado con la adicción fisiológica a la nicotina.

La ansiedad y la tensión habitual son síntomas neuróticos que se pueden solucionar de muchas otras maneras, por ejemplo con la meditación, la relajación y el masaje. Algunos síntomas de nerviosismo son parte de una reacción pasajera de abstinencia: hay personas que se sienten nerviosas e irritables por algún tiempo cuando ya no fuman tanto, o cuando dejan de fumar.

El fumador adicto

Estas personas ya no disfrutan mucho los cigarros, pero siguen fumando para evitarse los malestares de la abstinencia. Son adictos a la nicotina, y sienten molestias (irritabilidad y nerviosismo), si pasan 20 o 30 minutos sin fumar.

Apenas toman en cuenta las circunstancias que les rodean; sólo buscan mantener elevado su nivel habitual de nicotina en el cerebro. Encienden el primer cigarro en cuanto despiertan, y continúan fumando todo el día; también fuman mientras conducen un automóvil, etcétera.

El fumador automático

Se siente molesto e inquieto si no tiene un cigarro encendido entre los dedos; enciende uno tras otro, aunque no se ha terminado de consumir el que tienen en el cenicero, y tampoco advierte que el cigarro está a punto de quemarle los dedos.

Este modo de fumar se encuentra en fumadores que son adictos y buscan la estimulación. Los fumadores automáticos tienen características mezcladas de varios otros tipos que ya mencionamos.

Con frecuencia se combinan los motivos adictivo, automático, de estimulación y para calmarse. Cuando alguien reúne –en un patrón consistente de conducta– esos cuatro motivos para fumar, demuestra una adicción farmacológica y psicológica a los cigarros.

Hay personas que emplean los cigarros para eludir problemas familiares y ocupacionales (como la falta de interés real por su trabajo) y para no sentirse abrumados por importantes problemas personales y familiares que les generan nerviosismo, preocupaciones e irritabilidad.

La figura 2.1 ilustra los porcentajes que corresponden a los distintos tipos de fumadores, según datos del Comité Francés de Lucha Contra el Tabaquismo; la mayoría de ellos lo hace para reducir tensiones y por necesidad fisiológica (adicción).

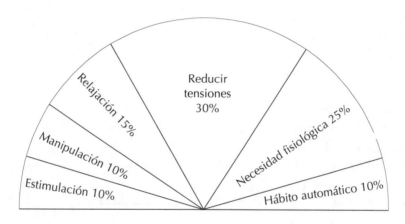

Figura 2.1 Porcentajes que corresponden a los diferentes tipos de fumadores.

Como advierte Russell, por lo común no conviene clasificar a nadie en una sola categoría. Aunque cada fumador tiene su propio estilo y sus motivos personales, en la mayoría de ellos opera una combinación de motivos diferentes, con distinta fuerza.

Cuestionario de motivos para fumar

A continuación encontrarás un breve cuestionario acerca de los motivos para fumar. Cuando hayas respondido las preguntas y las hayas calificado, conocerás mejor tus propios motivos (las preguntas fueron adaptadas a partir de las investigaciones de Ikard y otros autores). Después de cada pregunta, marca una cruz en una de las tres casillas, según lo que corresponda mejor con tus propias circunstancias.

	Casi siempre	A veces	Casi nunca
A. Fumo para avivarme y para manatenerme activo	_____	_____	_____
B. La sensación de tener un cigarrillo en las manos es muy placentera	_____	_____	_____
C. Fumar me resulta placentero y me tranquiliza	_____	_____	_____
D. Si estoy enaojado(a) por algo, enciendo un cigarrillo	_____	_____	_____
E. Cuando me quedo sin cigarrillos estoy desesperado(a) hasta tenerlos	_____	_____	_____
F. Fumo automáticamente y casi sin darme cuenta	_____	_____	_____
G. Los cigarrillos me ayudan a sentirme acelerado(a)	_____	_____	_____
H. Puedo pasar dos o tres horas sin fumar	_____	_____	_____
I. Los cigarrillos me agradan y los disfruto bastante	_____	_____	_____
J. Fumo para darme seguridad y confianza	_____	_____	_____
K. Me siento muy inquieto(a) cuando no tengo un cigarrillo en la boca	_____	_____	_____
L. Enciendo un cigarrillo aunque tengo otro a medias en el cenicero	_____	_____	_____
M. Los cigarrilloss me ayudan para sobreponerme a la fatiga	_____	_____	_____
N. Contemplar el humo del tabaco es parte del placer de fumar	_____	_____	_____
O. Me agrada mucho fumar en momentos de relajación y descanso	_____	_____	_____

	Casi siempre	A veces	Casi nunca
P. Fumo para estar menos tenso(a) y preoocupado(a)	_____	_____	_____
Q. Si llevo un rato sin fumar siento un antojo desesperado de hacerlo	_____	_____	_____
R. Me encuentro con un cigarrillo en la boca sin acordarme que lo encendí	_____	_____	_____

Ahora, convierte cada una de las cruces a números, según la valoración adjunta:

Casi siempre = 3
A veces = 2
Casi nunca = 0

A continuación, suma los números que corresponden a cada uno de los motivos, representados por los siguientes grupos de letras:

Totales

A + G + M = _____ + _____ + _____ = _____   Estimulación
B + H + N = _____ + _____ + _____ = _____   Sensorial y táctil
C + I + 0 = _____ + _____ + _____ = _____   Relajación
D + J + P = _____ + _____ + _____ = _____   Eliminar el estrés
E + K + Q = _____ + _____ + _____ = _____   Adicción fisiológica
F + L + R = _____ + _____ + _____ = _____   Hábito automático

Puedes determinar la relativa fuerza de cada uno de los motivos que te impulsan a fumar, según los siguientes criterios:

De 6 a 9, motivo muy importante.
De 3 a 5, motivo no tan importante.
De 0 a 2, no es motivo.

Capítulo 3

Los cigarros
y la salud

Las enfermedades que podrían padecer, o que ya padecen, es un motivo muy poderoso para que muchos fumadores abandonen su adicción, pasando por encima de las gratificaciones transitorias que obtienen.

Los niños y adolescentes que fuman corren mayores peligros a causa del humo de los cigarros, debido a que su cerebro y sus pulmones no han alcanzado la plena madurez. Les falla la atención y el rendimiento escolar se les dificulta: su cerebro, afectado por sustancias tóxicas, no recibe suficiente oxígeno.

La información de la Secretaría de Salud precisa que en México hay más de 16 millones de fumadores; más de la tercera parte son mujeres. Sánchez advierte que el cáncer del pulmón se ha convertido en la primera causa de muerte entre las enfermedades de ese tipo. Así 6 mil personas fallecen cada año a causa de cáncer del pulmón, que en 90% de los casos se originó por fumar.

Según el Instituto Nacional de Enfermedades Respiratorias (INER) en la actualidad se registra, en promedio, el deceso de una persona cada 10 minutos a causa de enfermedades causadas por el tabaquismo (incluyendo cáncer del pulmón). Se reporta que, mueren seis personas cada hora, 147 diariamente y 53 000 anualmente porque fumaron demasiado (Sánchez).

Se calcula que el fumador que inhala el humo reduce su vida en un promedio de 5.5 minutos por cada cigarro que consume. La úlcera péptica es dos veces más frecuente y el doble de grave entre los fumadores que entre quienes no fuman.

Las estadísticas mencionadas –y otras muchas por el estilo– nos hacen preguntarnos por qué tantos fumadores empedernidos siguen fumando. Una razón es que en los países menos desarrollados existe poca información acerca de los problemas de salud pública y cómo prevenirlos.

Pocas personas tienen información objetiva y adecuada acerca de los daños que causa el tabaquismo. Hace falta que la información médica y psicológica llegue al público en general mediante los medios masivos de información.

Los daños a la salud que produce el humo de los cigarros no se manifiestan de inmediato. Pueden pasar muchos años entre el inicio del hábito y la aparición de las enfermedades graves. Se calcula que, en promedio, los fumadores habituales se percatan de que padecen malestares de alguna consideración cuando llevan cuatro años haciéndolo.

En vista de que el proceso de deterioro es lento, muchas personas afirman que dejarán de fumar antes de que padezcan daños graves en su organismo, pero no dejan los cigarros hasta que ya es muy tarde. Algunos reaccionan de modo imprudente ante su hábito; por ejemplo, una gran fumadora nos dijo: "Cuando se me presenten los síntomas de cáncer, ya se habrá inventado alguna medicina para curarlo".

¿Por qué el hábito de fumar afecta más pronto a unas personas que a otras? ¿Por qué ese hábito perjudica de distintas maneras, produciendo un cáncer a algunos y a otros "solamente" una bronquitis crónica?

Como ilustra el cuadro 3.1, la magnitud de los riesgos a la salud están relacionados con la edad en que inició el hábito, los años que alguien lleva fumando, el número de cigarros que consume diariamente, el tipo de cigarros que fuma y la profundidad (intensidad) con que inhala el humo.

1. Edad	Mayor riesgo • Para niños, jóvenes y ancianos
2. Tiempo	Mayor riesgo • Para los que llevan más años fumando
3. Cantidad	Mayor riesgo • Para los que consumen más cigarros al día • Para los que inhalan más profundamente • Para los que fuman cigarros con más nicotina y alquitrán
4. Salud	Mayor riesgo • Para los que tienen constitución física más débil • Para los que han padecido trastornos respiratorios y cardiovasculares
5. Hábitos	Mayor riesgo • Para los que se alimentan mal

- Para los que trabajan mucho y descansan poco
- Para los que llevan una vida sedentaria

6. Antecedentes familiares	Mayor riesgo • Si tienen parientes que padecieron cáncer, enfermedades respiratorias o cardiovasculares.

Cuadro 3.1 Factores que contribuyen para que un fumador tenga mayor riesgo de enfermarse.

En los riesgos de los fumadores, influyen también sus antecedentes familiares de larga o corta vida, los hábitos de acumular tensiones y preocupaciones, y la constitución física. Corren mayores riesgos los que llevan una vida sedentaria y hacen poco ejercicio, los que tienen una dieta pobre y mal balanceada, y los que trabajan con exceso, a pesar de que descansan y duermen poco.

Las personas que tienen capacidad pulmonar reducida, y una constitución física menos fuerte, son más vulnerables a las sustancias tóxicas del humo de los cigarros. Los que viven en ambientes contaminados y además fuman, aumentan su riesgo de padecer enfermedades pulmonares.

El organismo de los niños es frágil y vulnerable, mientras que el de los adolescentes está sujeto a profundos cambios hormonales y a un crecimiento acelerado que requiere buena nutrición y suficiente respiración. Las mujeres que fuman tienen más problemas que los hombres, como veremos más adelante.

Si llevas algunos años fumando mucho, tal vez te convenga hacerte un cuidadoso examen médico, para determinar hasta qué grado ha sido afectada tu salud y para conocer mejor los riesgos que corres en caso de que continúes fumando.

Sustancias tóxicas y carcinogénicas

Los fumadores inhalan el humo de los cigarros cuando le dan el golpe y también cuando respiran el aire a su alrededor, tan cargado de humo.

Con este humo, introducen a su organismo sustancias peligrosas. Son más de 4 000 diferentes (Petrie); de ellas, 60 son cancerígenas (pueden producir cáncer); casi la mitad están en el tabaco, y la otra mitad se originan por la combustión del tabaco y el papel.

Son particularmente nocivas 44 sustancias: amoníaco, monóxido de carbono, nicotina, óxido nítrico, cianuro de hidrógeno, mercurio, alquitrán, metales tóxicos (níquel, plomo, cadmio, cromo, arsénico y selenio), nitrosaminas (cuatro de ellas), aminas aromáticas (cuatro), benzopireno, carboniles volátiles (acetona y otras siete), 10 sustancias semivolátiles, 11 compuestos de fenol y 13 más, también volátiles. De ellas, 15 son cancerígenas.

Entre los componentes más peligrosos del humo de los cigarros están cinco: monóxido de carbono, óxido nitroso, ácido cianhídrico, alquitrán y nicotina.

Monóxido de carbono

El monóxido de carbono (CO) es un gas muy venenoso. El fumador lo inhala con el humo de los cigarros. Después de pasar por los alvéolos pulmonares llega al torrente sanguíneo; se combina con la hemoglobina de los glóbulos rojos y forma la carboxiliemoglobina (COHb).

En los que no fuman, hay en la sangre una proporción de .5 a 2% de COHb, mientras que en un fumador la COHb se eleva hasta 20% o más. Como a los fumadores les falta la adecuada oxigenación, la médula ósea produce gran cantidad de glóbulos rojos y la sangre se torna más densa.

La COHb permanece en el cuerpo unas cuatro horas, y se va eliminando según la actividad del individuo. Se elimina mejor si la persona hace ejercicio y oxigena bien sus pulmones. Sin embargo, los niveles de COHb se mantienen durante la noche, cuando la actividad del organismo es muy baja.

A corto plazo, la falta de oxígeno produce cambios en los reflejos neurológicos y bajas en la discriminación sensorial, depresión de las funciones respiratorias, cansancio, dolores de cabeza, marcos, irritabilidad y alteraciones del sueño (Tapia). A largo plazo, la elevación de los niveles de COHb en la sangre favorece la arterosclerosis, la hipertensión arterial y otros padecimientos cardiovasculares.

Óxido nitroso

El óxido nitroso también es un gas tóxico. Afecta la mucosa pulmonar y daña sus células; paraliza y destruye los cilios de las células del epitelio bronquial, por lo que se dificulta la eliminación del moco de los pulmones; esto causa el enfisema pulmonar.

Ácido cianhídrico

Es un veneno muy poderoso, bastan unos 60 miligramos para causar la muerte de una persona de más de 70 kilos de peso. Afortunadamente, con el humo de los cigarros solamente se absorbe una mínima cantidad de este compuesto químico. Puede causar dolor de cabeza, mareos y vómito.

Alquitrán

El alquitrán está formado por varias sustancias cancerígenas. Los experimentos de laboratorio demuestran que produce modificaciones precancerosas en el epitelio de los animales de laboratorio que han sido expuestos al humo de los cigarros.

El alquitrán se acumula en el tracto respiratorio desde la cavidad bucal hasta los alvéolos pulmonares. Dificulta la función de las células ciliares y acaba por destruirlas. Pasa a la sangre y se elimina por vía urinaria; por eso, el cáncer de la vejiga aparece con mayor frecuencia en las personas que fuman que en las que no lo hacen.

Nicotina

La nicotina causa adicción al tabaco y es un veneno muy peligroso. Actúa como estimulante: aumenta la atención, la capacidad de percepción y hace el comportamieno de la persona más excitable, se enoja con mayor facilidad y reacciona de manera más agresiva. A dosis elevadas, puede producir mareos, temblores y vómito.

En la médula suprarrenal libera pequeñas cantidades de adrenalina y noradrenalina; eso disminuye el diámetro de los vasos sanguíneos (vasoconstricción). Con esto, se eleva la presión arterial y aumenta la frecuencia cardiaca.

Los efectos de la nicotina en el sistema cardiovascular son parecidos a los que tienen las personas que enfrentan situaciones de emergencia y estrés.

Los daños a la salud

Las personas que fuman de manera habitual activan un proceso que destruye las células y las estructuras de los pulmones y causa graves alteraciones de las funciones cardiovasculares. En la mayoría de las personas, los síntomas más severos tardan varios años en presentarse.

En México, el tabaco es el quinto factor responsable de muertes prematuras en hombres y el sexto en mujeres: cuando alguna persona lleva fumando 20 años, fallece prematuramente poco después de cumplir 60 años (Notimex). Fumar cigarros causa una serie de graves enfermedades.

Cáncer del pulmón

El riesgo de desarrollar cáncer de pulmón es 5 a 20 veces mayor en los fumadores que entre quienes no fuman. De 80% a 85% de las muertes por cáncer de pulmón se deben a fumar cigarros, cifras que son muy importantes si se tiene en cuenta que el cáncer de pulmón es responsable de 25% de las muertes por cáncer en general y 5% de las muertes por todo tipo de causas.

Cuando el paciente presenta enfisema, carcinoma bronquial y otras enfermedades infecciosas, es necesario extirpar el pulmón más enfermo (o al menos algunas partes). Sin embargo, la metástasis (difusión) de las células cancerosas a través del sistema linfático y sanguíneo, puede producir tumores en otras partes del organismo como en el cerebro y el hígado.

Cáncer de laringe y esófago

Existe fuerte asociación entre el cáncer de laringe (y cáncer de lengua) y el consumo de cigarro; al hábito de fumar se atribuye hasta 84% de los casos en hombres. Entre 75% y 78% de los casos de cáncer de esófago se deben a fumar. También hay una clara relación entre la cantidad de cigarros que se fuman diariamente y la mortalidad por este tipo de cáncer.

Cáncer de vejiga

La proporción de casos de cáncer de vejiga que es consecuencia de fumar varía entre 40% y 60% para hombres y 25% a 35% para mujeres.

Enfermedad coronaria

En los fumadores, el sistema de las coronarias tiene vasoconstricción, por lo que aumenta el riesgo de que alguna de las arterias se obstruya.

Cuando no llega la sangre a una parte del corazón, esas células mueren. Se produce un infarto cardiaco, o "ataque al corazón", que es un trastorno grave y peligroso.

Se calcula que 30% a 40% de las muertes por enfermedad coronaria se deben a fumar cigarros. El riesgo de muerte tiene clara relación con la dosis, la edad en que se empezó a fumar, el número de cigarros consumidos al día, el tiempo de fumar y la profundidad de la inhalación. También influyen otros factores, como la diabetes y el exceso de colesterol en la sangre.

En la actualidad 30% de las personas que padecen un infarto tienen menos de 40 años, mientras que hace 20 años esa cifra apenas llegaba 10%, lo que representa un aumento de casi el triple en el número de víctimas con ese rango de edad. El infarto al miocardio se puede prevenir cuando no se fuma, se tiene el peso adecuado, se hace ejercicio y se reduce el consumo de grasa animal (Kuri y otros).

Enfermedad cerebro vascular

Los glóbulos rojos, encargados de transportar oxígeno al cuerpo, absorben monóxido de carbono de los cigarros. Sin suficiente oxígeno, las células del cuerpo no realizan bien sus funciones; el organismo responde con una severa reacción de alarma, y la médula ósea produce números exagerados de glóbulos rojos, en un intento de aumentar la cantidad de oxígeno en el organismo.

Aumenta la viscosidad y la densidad de la sangre; esto eleva el riesgo de que se formen coágulos (trombos) que pueden producir embolias cerebrales y obstrucciones en otras partes, como el corazón y las piernas. Los fumadores tiene el doble de probabilidad de tener un accidente cerebro-vascular, y este riesgo es mayor en los fumadores jóvenes.

Enfermedad oclusiva arterial periférica

Fumar cigarros es el principal factor que predispone a la oclusión progresiva de algún vaso sanguíneo, con mayor frecuencia en las piernas; esto puede suspender el flujo circulatorio a esa zona con la pérdida de una extremidad.

Enfermedad pulmonar obstructiva crónica (EPOC)

La EPOC (en sus dos formas) es uno de los trastornos más característicos de los fumadores. Incluye la bronquitis crónica que produce tos y expectoración en forma persistente, y el enfisema pulmonar, con dificultad respiratoria progresiva y destrucción de los pulmones.

En los grandes fumadores, la producción del moco bronquial es de 6 a 8 veces más abundante que en los no fumadores. Aparecen la tos y la bronquitis; se dificulta la respiración. A medida que la enfermedad progresa, el moco acumulado y las substancias tóxicas inhaladas destruyen millones de alvéolos pulmonares que se degeneran y son reemplazados por tejido conjuntivo denso.

Los grandes fumadores tienen una probabilidad 30 veces mayor de padecer EPOC que los no fumadores. Entre 80 y 90% de las muertes por EPOC se deben a los cigarros. Incluso en las ciudades en las que hay un alto índice de contaminación, como la ciudad de México, se ha demostrado que la bronquitis crónica es mucho más frecuente entre los fumadores que entre los no fumadores (Tapia).

Otros trastornos

Fumar causa arrugas prematuras en la piel, mal aliento, olor desagradable en el cabello y la ropa, hace que las uñas se tornen amarillentas y aumenta el riesgo de la degeneración muscular, una de las causas más comunes de ceguera en la vejez.

En el aparato digestivo, la nicotina aumenta la secreción de ácido clorhídrico en el estómago y causa la gastritis de los fumadores; eso eleva el riesgo de que padezcan úlcera gástrica. En el intestino delgado, la nicotina aumenta la frecuencia y la intensidad de los movimientos peristáltico; por eso, algunos fumadores padecen cólicos y diarrea.

Los hombres que fuman tienen mayor probabilidad de disfunción eréctil (impotencia) debido a trastornos en los vasos sanguíneos.

Entre los autores que describen las enfermedades producidas por el tabaquismo están los siguientes: Borgatta y Evans, Leventhal y Cleary, Barona, INEGI, American Cancer Society y OMS (WHO).

Riesgos para las mujeres y sus hijos

En México, las mujeres con mayor nivel de escolaridad (universidad) fuman hasta 50% más que las que sólo realizaron estudios primarios, según el Primer Informe sobre el Combate al Tabaquismo que realizaron especialistas en salud (Rodríguez). Algunas de ellas iniciaron el consumo de cigarros a los 12 años.

Las mujeres se hacen adictas con mayor rapidez que los hombres, y acentúan el hábito del tabaquismo alrededor de los 35 años; por el contrario, los hombres consumen menos cigarros a medida que tienen mayor edad; los que tienen escolaridad más alta fuman menos (25%) que los que no estudiaron.

El incremento de mujeres fumadoras preocupa cada vez más a los profesionales de la salud, porque ellas son más susceptibles a desarrollar enfermedades: necesitan menores dosis de tabaco para desarrollar cáncer de pulmón, trombosis, enfisema pulmonar y problemas vasculares, según la Secretaría de Salud.

Se adelantan los efectos de la menopausia en las mujeres que fuman, por lo que corren mayor riesgo de padecer osteoporosis. Además, las mujeres mayores de 35 años de edad que fuman y usan píldoras para evitar el embarazo (pastillas anticonceptivas) corren mayores riesgos de padecer ataques cardiacos, derrames cerebrales y coágulos en las piernas.

Durante el embarazo, la nicotina corre por la placenta; se ha detectado la nicotina en el líquido amniótico y en la sangre del cordón umbilical de los recién nacidos. Las mujeres que fuman son más propensas a tener un aborto natural, y a dar a luz bebés prematuros y de bajo peso. Los bebés de bajo peso tienen mayor riesgo de tener problemas físicos o de morir.

La nicotina se trasmite en la leche materna y afecta el desarrollo físico de los bebés. Más adelante, esos niños muestran un aprendizaje escolar más lento. La nicotina limita el desarrollo del área frontal cortical del cerebro, por lo que se les dificulta la atención y la concentración. En comparación con los demás, los hijos de las madres fumadoras muestran mayor impulsividad y agresividad; también se les dificulta la sociabilidad y la empatía.

En pocas palabras, los hijos de las madres fumadoras sacan malas calificaciones y tienen problemas de conducta. Cuando son adolescentes, algunos de ellos dejan la escuela y se dedican a actividades antisociales, en particular cuando fuman, beben y se asocian con grupos delictivos.

Riesgos para los fumadores pasivos

El humo del cigarro que inhalan los bebés –como fumadores secundarios cautivos– de las madres que fuman está asociado con asma y con el síndrome de muerte súbita. Los niños criados en un hogar donde se fuma padecen mayor número de infecciones del oído, resfriados, bronquitis y otros problemas pulmonares y respiratorios, que los de familias en las que no hay fumadores. El humo de segunda mano también les puede causar irritación de los ojos, dolores de cabeza, náuseas y mareos.

En nuestro país, 50 millones de personas están expuestas, de forma involuntaria, al humo indirecto de los cigarros. Sufren daños que equivalen a fumar 10 cigarros diarios. Los fumadores pasivos corren riesgo de contraer alguna enfermedad (entre 60 y 80% de probabilidad). Entre los fumadores pasivos están las parejas y los hijos de los fumadores.

Los hijos de padres fumadores padecen con mayor frecuencia enfermedades respiratorias como bronquitis, neumonías y asma. En los adultos, la exposición involuntaria se relaciona con irritación ocular, secreción de moco nasal, dolor de cabeza y tos. En las personas alérgicas, la exposición al humo de los cigarros les desencadena o empeora, los síntomas de esa enfermedad.

El contacto crónico con el humo disminuye, de manera importante, la función de las vías respiratorias más pequeñas; los fumadores pasivos tienen probabilidad una y media veces mayor de presentar cáncer pulmonar que las personas que no están expuestas al humo indirecto de los cigarros.

Capítulo 4

Dejar de fumar:
mitos y ventajas

La evidencia científica contradice cuatro mitos populares. Aunque se trata de creencias falsas y poco ilustradas, las escuchamos con frecuencia, incluso entre estudiantes y personas de cierta cultura.

El primero de los mitos supone que muy pocas personas pueden dejar de fumar por sí mismas, sin tener que acudir a alguna clínica para recibir algún tratamiento profesional (costoso).

La segunda creencia falsa supone que se requiere gran fuerza de voluntad para romper el hábito del tabaquismo.

El tercer mito propone que dejar de fumar es una experiencia terrible, rodeada de grandes sufrimientos físicos y psicológicos.

El cuarto mito –o más bien la ilusión poco razonable– de algunos fumadores es que se creen invulnerables al tabaco: nos dicen que a ellos no les va a pasar nada, a pesar de que llevan años fumando mucho.

Si las creencias populares que hemos mencionado fueran ciertas, los fabricantes de cigarros y las compañías tabacaleras transnacionales tendrían aseguradas ganancias astronómicas, a costa de la salud de millones y millones de fumadores. Cualquier fumador estaría condenado, irremisiblemente, a consumir cigarros, de manera automática hasta morir muy enfermo de manera prematura.

Al final de este capítulo explicaremos las ventajas que obtienen las personas que dejan de fumar.

Primer mito: muy pocas personas dejan de fumar

En los países con niveles educativos más elevados, como Europa y Estados Unidos, el número de las personas que han dejado de fumar continúa aumentando. Según el Departamento de Salud Pública de Estados Unidos, más de 46 millones de personas de ese país han logrado dejar de fumar para siempre.

Por el contrario, en los países menos desarrollados, como el nuestro, aumenta el número de los fumadores, en particular de las mujeres. Sin embargo, muchas personas dejan de fumar. Según encuestas del Instituto Nacional de Estadística Geografía e Información (INEGI), de 13.7 millones de personas de 12 a 17 años, 16.1% había fumado; de ellos, 7.1% había dejado de fumar al menos seis meses antes.

Aunque el porcentaje de los que consumen tabaco se incrementa con la edad (50.7% en el rango de 40 a 49 años), también aumenta el número de los que dejan de fumar: de los 18 a los 65, 27.7% de los hombres y 13.9 de las mujeres son ex fumadores.

La mayoría de los ex fumadores sencillamente decidió dejar de fumar y lo hizo. Tuvieron éxito, aunque algunos hicieron varios intentos antes de lograr conseguir dejar de fumar del todo. Muy pocos acudieron a recibir tratamiento profesional para combatir su tabaquismo.

Según esos datos, muchas de las personas que fuman pueden dejar de hacerlo sin tener que acudir a un médico o psicólogo, si tienen buenas razones para hacerlo. Sería muy conveniente que pudieran utilizar técnicas psicológicas que dieran resultado, y que las siguieran con empeño durante algunas semanas.

Podemos suponer que por lo menos 10 de cada 100 personas dejan de fumar al primer intento, otras 10 al segundo, y así sucesivamente. Por otra parte, las personas más ilustradas conocen mejor los riesgos a la salud, y también saben que mucha gente deja de fumar sin grandes problemas. Emplean las mejores técnicas para dejar los cigarros.

Por el contrario, los que tienen menos información quedan a merced de los mitos populares, según los cuales es casi imposible dejar de fumar. Están atrapados por la falaz propaganda que las compañías tabacaleras lanzan para promover el consumo inmoderado de los cigarros. No pueden librarse de la cadena de circunstancias y gratificaciones que los llevan a fumar de manera automática.

Cuanto a los medios que emplearon las personas que dejaron de fumar, la mayoría (dos terceras partes) reportó que su única técnica había sido dejar de fumar de golpe. Por ejemplo, algunas dijeron: "Saqué los cigarros de mi bolsillo, los tiré, y eso fue todo".

Alguno nos mencionó: "Me dije, 'al demonio con eso', y no volví a fumar nunca". Lo anterior supone que tenía buenas razones para dejar de fumar, desde luego. Del resto, unos cambiaron a la pipa o los puros, y después de un tiempo dejaron de fumar completamente. Otros dejaron de comprar cigarros y se los pidieron por algún tiempo a sus amigos, y así fumaban cada vez menos.

Una mujer se alejó del vicio formando en su fantasía imágenes atemorizantes acerca de las consecuencias de fumar demasiado como el cáncer pulmonar, etcétera. Hay quienes recurren a los parches de nicotina para hacerlo. Finalmente, un hombre leyó un libro para dejar de fumar y así logró su propósito.

En nuestra opinión, y dados los costos que esto supone, solamente deberían acudir a algún especialista los individuos que han intentado varias veces dejar de fumar y no lo han logrado a pesar de sus esfuerzos. Esperamos que este libro te ayude a ti para que dejes de fumar.

Segundo mito: se necesita gran fuerza de voluntad para dejar de fumar

Las creencias populares acerca de la fuerza de voluntad estorban mucho a las personas que intentan dejar de fumar. Se supone que algunas personas tienen fuerza de voluntad, fuerza de carácter, o incluso la hombría, lo cual les facilita tomar decisiones sin grandes problemas.

Por el contrario, se acusa a ciertos individuos de tener poca –o ninguna– fuerza de voluntad; por eso, no cuentan con la capacidad para cambiar ciertos hábitos, ni para controlar algunas conductas indeseables, pobrecitos de ellos.

El empleo del término "fuerza de voluntad" y de otros parecidos causa gran desaliento en muchas personas que intentan romper el hábito del tabaquismo. Se convencen de que nacieron sin fuerza de voluntad, o que la tuvieron, pero la han perdido por alguna fatal circunstancia de su vida.

Con esas ideas falsas en la cabeza, se consideran derrotados desde el principio. Ni siquiera hacen algún intento por romper hábitos que pueden ser perjudiciales para su salud, como el de fumar demasiado.

La creencia en la fuerza de voluntad está muy extendida. Así, Knapp y Delprato repartieron un cuestionario a 238 mujeres y 227 hombres, para investigar las creencias populares en la fuerza de voluntad. La mayoría eran estudiantes universitarios, aunque había otros que no habían acudido a la universidad. En promedio, tenían 27 años de edad.

Muchos de ellos opinaron que se necesita mucha fuerza de voluntad para eliminar conductas indeseables como el tabaquismo, el alcoholismo, comer demasiado y apostar, y no tanta para salir de la depresión, vencer la tartamudez, aprobar un curso de matemáticas, etcétera. Dejar de fumar es lo que requiere mayor fuerza de voluntad.

Los autores sugieren que conviene tener en cuenta las creencias populares en la fuerza de voluntad antes de iniciar un tratamiento psicológico para dejar de fumar, aunque son distorsionadas y poco científicas; también conviene que el público conozca los avances técnicos de la psicología.

No hay manera válida para enseñar a alguien –ni para darle– la fuerza de voluntad, suponiendo que no la tuviera. El término "fuerza de voluntad" se utiliza cuando las personas desconocen las técnicas psicológicas adecuadas para dirigir sus acciones en situaciones difíciles.

Existen, y se pueden enseñar, las técnicas básicas para tomar buenas decisiones. Para dejar de fumar hay que tener buenos motivos y ganas de hacerlo; se necesita ensayar los métodos derivados de los avances científicos para la modificación de hábitos. Esos avances psicológicos se resumen en la frase: "Técnicas de autocontrol del tabaquismo".

Cualquier persona, con suficiente nivel de inteligencia, puede examinar los patrones de sus conductas, para irlas regulando. Es capaz de anticipar las consecuencias de sus actos, y también puede cambiar las circunstancias (internas y externas) que generan las conductas habituales.

Además, las técnicas de autocontrol modifican las consecuencias que dan fuerza a los hábitos que uno quiere eliminar; se aprenden con relativa facilidad, y luego se aplican de manera concreta y eficaz (Navarro). Como dice Ortega y Gasset: "Yo soy yo y mis circunstancias; si no las cuido a ellas, tampoco me cuido a mí".

Si para ti es importante seguir creyendo en la fuerza de voluntad, sería mejor que te convenzas de que la tienes. Puedes decirte que tu voluntad es fuerte (como la de cualquier persona), en vez de repetir que la tienes débil, que no puedes, eres un vicioso, etcétera, porque lo único que harás es insultarte y desmoralizarte sin ninguna razón válida.

Tercer mito: dejar de fumar es algo terrible

Otro de los mitos populares afirma que dejar de fumar cigarros es una experiencia acompañada de terribles sufrimientos psicológicos; una verdadera tortura, con semanas de mucha irritabilidad, inestabilidad, ansiedad y depresión.

Se han realizado investigaciones para evaluar las consecuencias psicológicas que resultan por haber roto el hábito del tabaquismo.

Por ejemplo, Pertschuk y otros juntaron un grupo de personas que llevaban, en promedio 21 años fumando y consumían cerca de 35 cigarros diarios. Les enseñaron a llevar un registro cuidadoso de los cigarros que fumaban cada día, así como de las circunstancias en las que lo hacían, y les dieron instrucciones para que fueran disminuyendo gradualmente la cantidad de cigarros que fumaban.

Todas ellas dejaron de fumar a las cinco semanas. Antes de iniciar el tratamiento se pidió a todos que completaran un cuestionario con preguntas acerca de problemas psicológicos y síntomas como ansiedad, insomnio, pesadillas, dificultad en concentrarse, apatía, cambios de peso, etcétera. Se les aplicó de nuevo ese cuestionario tres meses después de que habían dejado de fumar.

Comparando las respuestas de antes y después, no se encontró ningún aumento significativo en los síntomas psicológicos de ninguno de los participantes; eso demostró que dejar de fumar no les produjo ningún problema psicológico de importancia.

La única excepción fue que algunos subieron de peso; en promedio casi un kilo. Los investigadores obtuvieron resultados parecidos en otro estudio, en el que cincuenta personas dejaron de fumar sin demasiado esfuerzo y sin padecer ninguna sintomatología psicológica de importancia.

Éstas, y otras investigaciones parecidas contradicen las expectativas populares de que la abstinencia al tabaco es una terrible agonía para los fumadores habituales.

Ciertos fumadores, que en realidad no están bien motivados para dejar de fumar, se pueden dar a sí mismos la falsa razón de que sería muy doloroso dejar los cigarros. También se pueden imaginar, falsamente, que subirían mucho de peso en caso de que lo hicieran.

Los especialistas que trabajan en este campo, como los psicólogos, médicos y psiquiatras, saben que no es tan difícil dejar de fumar. Por otra parte, los hombres y las mujeres que dejaron de fumar nos reportan que eso no fue tan difícil, después de todo.

En cuanto al aumento de peso, es verdad que algunos fumadores comen algo más de la cuenta cuando dejan de fumar, porque utilizaban los cigarros para anestesiar su nerviosismo; comen más porque se sienten más nerviosos.

Una salida sencilla para el nerviosismo sería que masticaran chicles; otra solución, más recomendable, es que desarrollen el hábito del ejercicio diario, practiquen regularmente algún deporte, etcétera. De esta manera se sentirán menos tensos y nerviosos; además, eliminarán fácilmente cualquier sobrepeso.

Dejar de fumar no es tan difícil como muchas personas temen que lo sea. Tampoco es tan fácil, no basta con cruzarse de brazos para que un hábito establecido desaparezca. Se necesitan motivos fuertes y técnicas de autocontrol.

Cuarto mito: aunque fumes mucho, a ti no te pasará nada

Como excepciones, hay personas que padecen pocos daños a su salud, a pesar de que tienen una larga historia como fumadores. Viendo esto, algunos fumadores piensan que ellos tampoco se van a enfermar nunca: "Como a fulano o zutano no les pasó nada a pesar de su férreo tabaquismo, entonces es falso que los cigarros hagan daño".

Como resulta evidente, a pesar de las creencias mágicas que alguien pueda tener, los fumadores adictos que consumen 25, 35 o más cigarros diarios están dañando gravemente su salud. Sus pulmones, su corazón y otros órganos de su cuerpo están sujetos al ataque continuo de las sustancias tóxicas y carcinogénicas que contienen los cigarros.

Muchas personas renuncian al cuidado de su propia salud, y dejan ese cuidado a otras personas. Cuando eran niños, recibían continuas instrucciones de sus padres acerca de la ropa que debían usar cuando hacía frío o calor. También comían los alimentos que eran buenos para su salud y tomaban las medicinas que debían, cuando estaban enfermos.

Más tarde, los maestros, los amigos y los jefes los que les siguieron diciendo qué hacer, y ellos obedecieron simplemente. Con esto, nunca desarrollaron suficiente iniciativa para cuidar ellos mismos de su propia salud (Menninger).

Algunos fatalistas, o más bien personas pasivas, nos dicen que la vida no vale nada, o que Dios les da o les quita la salud, sin importar lo que ellos hagan. No se dan cuenta de que lo que les pasa es consecuencia de sus propios actos; dejan el cuidado de su salud a los demás y acuden a los médicos cuando están muy enfermos.

Con esta visión tan distorsionada, suponen que los médicos pueden curarlos de casi cualquier enfermedad; los consideran mecánicos del cuerpo, parecidos a los que reparan automóviles. Ellos no tienen por qué preocuparse, a pesar de que abusan de su salud. Debido a estas actitudes erróneas, muchos fumadores llegan a los hospitales cuando ya es demasiado tarde.

A ti te toca cuidar la salud de tu organismo, de manera responsable. El primer deber es sentir verdadero aprecio, respeto, cariño y admiración por nuestro cuerpo vivo porque constituye nuestra personalidad (Navarro). Una consecuencia es que no nos conviene ingerir sustancias tóxicas que perjudican nuestra salud y nos pueden provocar graves enfermedades.

Como explicamos, los cigarros consumidos en exceso, son el riesgo nacional más grave, del todo evitable, para la salud. Otros graves problemas de la vida en las sociedades actuales son la obesidad y el alcoholismo. A la larga, estos hábitos malsanos son caminos hacia la invalidez y muerte prematura; también podemos decir que son maneras indirectas de suicidarse: suicidios por imprudencia.

La vida es para disfrutarla, para amar y ayudar a los demás, trabajar, mejorar la sociedad en que vivimos y luchar porque el mundo futuro sea mejor; de ninguna manera es para desperdiciarla junto con el humo de cigarros.

Las ventajas de dejar de fumar

Las personas que dejan de fumar duermen mejor y se sienten más alegres y tranquilos, cuando se ha sobrepuesto a los primeros síntomas de abstinencia.

Los beneficios de dejar de fumar son los siguientes (Sutherland): A los 20 minutos, la presión sanguínea y el pulso se normalizan; a las 8 horas desciende el nivel del monóxido de carbono en la sangre, y después de 48 horas desaparece completamente el monóxido de carbono y la nicotina.

Después de dos a tres días hay menos flema en la garganta y menos problemas respiratorios. 5 a 7 días más tarde, mejoran los sentidos de gusto y olfato; el aliento es más fresco, los dientes están más limpios y los niveles de energía del organismo se empiezan a elevar.

A las dos o tres semanas desaparecen las molestias de la abstinencia, y las personas pasan algunas horas sin pensar en fumar. Se reduce el riesgo de que se formen coágulos en la sangre (trombosis).

Los sentidos de olfato y gusto mejoran con rapidez, tanto que les puede molestar la manera como el humo del tabaco de los fumadores se adhiere a su ropa y cabello.

A las cuatro semanas, desaparece la tos, los senos nasales se desinflaman, y mejora la respiración. Se siente menor fatiga y mayor energía; los pulmones tienen mayor capacidad para resistir las infecciones.

Después de dos o tres meses, las funciones pulmonares mejoran 5%. Los daños del tabaco en las células pulmonares son irreversibles, pero cuando alguien deja de fumar evita que se sigan dañando.

Al año, disminuye 50% el riesgo de desarrollar un trastorno cardio-vascular. Después de dos o tres años, sigue disminuyendo el riesgo de padecer pulmonía severa, influenza, ataques al corazón, angina de pecho, etcétera.

A los cinco años, disminuye 50% el riesgo de padecer cáncer pulmonar. Decrece la probabilidad de padecer osteoporosis. Después de diez años, el riesgo de cáncer pulmonar y osteoporosis sigue disminuyendo.

Después de 15 o 20 años, el riesgo que tienen –los que ya no fuman– de padecer cáncer en los pulmones, garganta, esófago o vejiga urinaria es parecido al que tienen las personas que nunca fumaron. De todos modos, los que fumaron 20 cigarros o más diariamente, tienen el doble de probabilidades de padecer cáncer pulmonar que las personas que no fumaron nunca.

Además, las personas que han dejado de fumar se sienten orgullosas de su éxito, y esa alegría contribuye a mejorar su autoestima. Es muy satisfactorio que se hayan propuesto esa importante meta –y que la hayan logrado– sobre todo cuando el camino era difícil y lograron superar todos los obstáculos.

Capítulo 5

Los motivos
para dejar de fumar

Las personas que fuman mucho, lo hacen movidos por una serie de tensiones, presiones y situaciones habituales. Estos factores forman un verdadero círculo vicioso, como ilustra la figura 5.1.

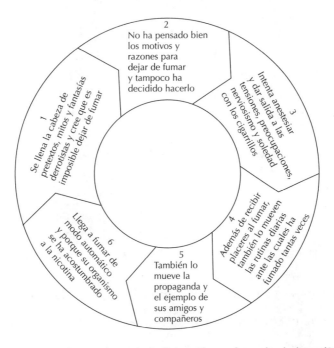

Figura 5.1 ¿Por qué continúa fumando un fumador habitual?

Desde niños, los fumadores han sido el blanco de la propaganda comercial y de las presiones sociales para seguirlo haciendo; tienen la cabeza llenos de mitos, prejuicios y falsas razones. Se repiten frases negativas y construyen fantasías derrotistas; creen que dejar de fumar es algo terrible y casi imposible de lograr (o no hay modo de hacerlo).

Algunos fumadores se consideran débiles y sin fuerza de voluntad, aunque reconocen que el hábito del tabaquismo los daña y corren graves riesgos al seguir fumando demasiados cigarros. Ya conoces, por el capítulo anterior, la evidencia racional y científica que contradice los mitos derrotistas y las creencias poco racionales.

Además, muchos fumadores habituales no se han dedicado suficiente tiempo para reflexionar y desarrollar fuertes motivos personales que los impulsen para no seguir fumando; tampoco han llegado a tomar la decisión firme de dejar los cigarros.

En este capítulo te ofrecemos un breve panorama de los motivos (buenas razones) por los que te conviene dejar de fumar. Te dedicarás a ese proyecto, y le echarás suficientes ganas, debido a que tienes fuertes motivos personales.

Los números 4, 5 y 6 de la figura 5.1 se refieren a otras presiones y condicionamientos que dan fuerza al hábito de fumar. Los fumadores habituales no ejercen ningún control sobre las rutinas diarias que los impulsan a fumar. Ante esas circunstancias, encender cigarros y fumarlos ha sido una costumbre muy repetida.

La decisión de dejar de fumar es muy personal. Las sugerencias de otras personas influyen poco; las presiones pueden tener el efecto contrario: mientras más les dicen que dejen de fumar, encuentran más pretextos para hacerlo.

Tú ya has descubierto que la meta de dejar los cigarros es algo que te interesa. En caso de que se trate de un hábito bien establecido, te va a costar cierto trabajo eliminarlo. Para lograr eso, necesitas tener buenas razones.

Las personas que tienen mayor probabilidad de dejar los cigarros:

1. Creen que pueden enfermarse a causa de ese hábito, y eso les preocupa.
2. Creen sinceramente que pueden intentar dejar de fumar.
3. Creen que los beneficios de abandonar el hábito son mayores que los beneficios de continuar fumando.
4. Conocen a alguien que ha padecido graves problemas a su salud causados por el hábito de fumar.

La mayoría de los que han tenido éxito, reportan que la salud fue su principal motivo. No solo querían evitarse los riesgos de graves enfermedades, sino que también habían planeado llevar a cabo algo que era muy importante para ellos. Necesitaban toda su energía y su creatividad para eso.

Por ejemplo, una mujer viuda de 26 años había pasado los últimos tres años deprimida y fumando mucho. A raíz de unos cursos para dejar de fumar, decidió que ya era hora de cambiar y hacer algo por ella. Pensó que necesitaba dejar de fumar, hacer ejercicio y buscar nuevas amistades. Empezó a realizar actividades gratas, y pudo dejar de fumar, de golpe, al poco tiempo. Dos meses después se sentía muy cambiada; más libre y tranquila. Además, se dedicaba a actividades más creativas y productivas.

Otra mujer, maestra recién jubilada, pensó que le convenía dedicar esa etapa de su vida a cuidar su salud para realizar algunos proyectos que habían quedado pendientes, como hacer viajes para conocer el país. Puesto que los cigarros le estorbaban para esos planes, que realmente le interesaban, dejó de fumar.

Necesitas tener sólidas razones para despertar y apoyar tus intenciones de dejar de fumar. En este capítulo te ayudaremos a clarificar y organizar tus motivos personales. Ellos te impulsarán de manera definitiva para que puedas convertir en realidad la meta de dejar los cigarros. Más adelante, en los siguientes capítulos, te explicaremos las técnicas más efectivas para que dejes de fumar.

Los motivos para eliminar el hábito de fumar son de dos tipos: positivos y negativos. Los positivos son las ventajas que obtienes cuando dejas de fumar. Las negativas son los riesgos a la salud que corren las personas que siguen fumando. Los dos tipos son muy importantes.

A continuación te ofrecemos dos listas, para que concretices las razones que te mueven, de manera personal, para dejar de fumar. Ésta es la decisión más importante que puedes tomar durante toda tu vida para evitar graves riesgos para tu salud.

Motivos de tipo positivo

1. La razón inicial es que puedes hacerlo. Si piensas seriamente y te convences de que puedes hacerlo, lo harás sin mayores problemas. Ya hemos visto la falsedad del mito según el cual dejar de fumar es algo terrible.

2. Una razón poderosa es el deseo de disfrutar la buena salud; conservar y mejorar tu nivel de bienestar. Los que dejaron de fumar se sienten alegres y optimistas, y no nerviosos, deprimidos, irritables y cansados.

3. Los que ya no fuman aumentan sus oportunidades de tener una vida productiva durante más años, porque reducen los riesgos de padecer enfermedades.

4. Dejarás de ser un esclavo más de la propaganda que impulsa a millones de personas a consumir cigarros con graves daños para la salud; serás más libre y mejorará tu autoestima.

5. Serás más productivo, capaz de contribuir mejor al desarrollo económico de tu país.

6. Tu familia (esposa e hijos) se alegrará de que ya no estés corriendo riesgos innecesarios de enfermedades, hospitalización o muerte prematura.

7. Podrás conservar tu aspecto juvenil y te librarás de los síntomas del envejecimiento prematuro; tu piel estará más húmeda y con mejor circulación. No tendrás arrugas alrededor de los ojos porque ya no los llenarás de humo.

8. No tendrás, a los 30 o 40 años, pulmones que corresponden a un anciano enfermo de 70 años, ni tampoco tendrás problemas de presión arterial elevada y arterias obstruidas que corresponden a una persona desgastada.

9. Reducirás notablemente los problemas con tu dentadura. Tus dientes no estarán sucios y amarillentos, ni tampoco tus dedos. Tu aliento no será ofensivo ni estará acompañado de excesiva acidez.

10. Tus manos no estarán frías y temblorosas. Recobrarás el uso de tus manos, al no tenerlas atadas por los cigarros.

11. En lugar de estar viviendo con nerviosismo acelerado y errático, podrás tomar tus decisiones con mayor calma. Encontrarás salidas más constructivas a tus tensiones haciendo deporte o practicando algunas técnicas de relajación.

12. Tu cerebro tendrá más oxígeno si no fumas. Con esto, mejora tu atención y tu capacidad de concentrarte en lo que estás haciendo; tendrás mejor rendimiento en los estudios y en el trabajo que desempeñas.

13. Cuando recuperes tu calma y buen humor, te será más fácil relacionarte con las personas que te rodean.

14. Si eres deportista, tendrás mejores oportunidades de ser bueno; competir y ganar. Tendrás más energía y fuerza; mayor resistencia a la fatiga.

15. Si eres mujer embarazada y no fumas, tus hijos tendrán mejor oportunidad de nacer sanos y fuertes.

16. Al no fumar, dejarás de dañar a otras personas. Los que te rodean, en particular los niños, no se verán forzados a respirar el aire envenenado de tus cigarros.

17. No darás mal ejemplo a tus hijos. La responsabilidad de dar buen ejemplo es deseable también en maestros, médicos y personas que están a la vista de la juventud.

18. Dado el costo de los cigarros y la carestía de la vida, el dinero que ahorras te servirá para comprar cosas realmente necesarias, como ropa y alimentos de mejor calidad.

19. No regarás cenizas y colillas por todos lados; los muebles y las alfombras de tu casa no estarán llenas de quemaduras y tampoco correrás riesgos de provocar incendios.

20. Si tu organismo todavía no está muy dañado, recuperarás la vitalidad que tienen los que nunca han fumado.

Al final del capítulo anterior expusimos las ventajas que obtienen los que dejan de fumar.

Motivos de tipo negativo

Como sabemos, los peligros a la salud son los principales motivos de tipo negativo para dejar los cigarros.

1. Si continúas fumando, es probable que vivas menos tiempo del que podrías. Se estima que cada cigarro acorta la vida cerca de cinco minutos. Los fumadores viven 10 o 20 años menos que los que no lo hacen.

2. Cuando fumas demasiado y haces algún deporte o ejercicio, sobrecargas tu corazón y lo obligas a crecer demasiado; también elevas la presión arterial. Te arriesgas a tener un ataque al corazón porque lo sometes a continuos esfuerzos indebidos.

3. Si ya tuviste un ataque al corazón y sigues fumando a pesar de esto, corres el riesgo de padecer otro, de consecuencias más graves (o fatales) porque ese órgano ya está debilitado y lo sigues maltratando.

4. Al fumar, tus pulmones son el filtro obligado para la nicotina, alquitrán y otras sustancias tóxicas y carcinogénicas del humo de los cigarros. Corres el riesgo de padecer enfisema, cáncer pulmonar y otras graves enfermedades.

5. Disminuyen tu resistencia a la fatiga y tu condición física porque fumas. Las células de tu cuerpo no tienen suficiente oxígeno para alimentarse, y envejecen y mueren de manera prematura.

6. Los que fuman corren mayor riesgo de sufrir pulmonía, infecciones pulmonares y otros malestares porque el humo de los cigarros destruye las células que eliminan el moco. Los pulmones están llenos de moco y partículas tóxicas. En esta sopa malsana, que la tos no puede expulsar, proliferan los virus y las bacterias.

7. Cuando fumas, te conviertes en un esclavo más de la propaganda masiva consumista y manipuladora que te impulsa a eso.

8. Das mal ejemplo a los demás, sobre todo a tu pareja y a tus hijos, y también a tus parientes y a las personas que te admiran y te respetan.

9. Tu cerebro consume 20% del oxígeno que respira. Con los cigarros, lo llenas de nicotina y monóxido de carbono. Aunque de momento te sientes más alerta y despierto, a la larga perderás la concentración, la atención y la creatividad. Muchas células del cerebro morirán antes de tiempo.

10. Si continúas fumando, continuarán los accesos de tos, la sensación de ahogo, los mareos y la irritación crónica de la laringe. Si lo haces, a pesar de que padeces asma, aumentarás la severidad y la frecuencia de los ataques asmáticos.

11. Cuando fumas, malgastas tu dinero en algo que te daña; una cantidad importante de dinero se va con el humo, en lugar de emplearlo de manera más útil.

12. Obligas a las personas que te rodean a respirar el aire viciado del humo de los cigarros. Los hijos de padres fumadores sufren anginas, bronquitis, tos y otras afecciones respiratorias con mayor frecuencia que los demás.

13. Los recién nacidos de madres fumadoras tienen menor peso al nacer y corren mayor riesgo de ser prematuros y enfermos. Es más elevada la tasa de mortalidad y de enfermedades en los bebés de madres fumadoras que en los de madres no fumadoras.

14. Si eres mujer corres mayor riesgo que los hombres de padecer trastornos circulatorios, enfermedades coronarias, oclusión de las arterias, menopausia temprana, osteoporosis, etcétera (más si utilizas anticonceptivos orales).

15. En lugar de dar salida a tu nerviosismo, fomentas un círculo vicioso: mientras estás más nervioso, fumas más, pero el cigarro te roba el oxígeno, por lo que te sientes más ahogado y nervioso, y entonces fumas más cigarros para aliviar el nerviosismo, etcétera.

Además de las razones mencionadas, puedes tener razones que para ti tienen gran importancia. Por ejemplo, un joven prometió a su novia que dejaría de fumar para que ella ya no se preocupara por su salud y lo juzgara más atractivo. Para un deportista, su motivo fue tener la mejor condición física para una competencia atlética que se realizaría en unas semanas, y que era muy importante para él.

Para muchas personas, el motivo personal es que su salud está debilitada, y ya es hora de que hagan algo al respecto. No les conviene seguir ignorando síntomas que les advierten la cercanía de una grave enfermedad o una hospitalización.

Una buena razón, para los que llevan menos tiempo fumando y consumen pocos cigarros a la semana, es dejarlos antes de que se habitúen a elevados niveles de nicotina, y les cueste más trabajo hacer esto. Otros fumadores reconocen que los cigarros ya no les gustan, ni los disfrutan, aunque continúan fumando por la fuerza de la costumbre.

Después de haber leído cuidadosamente los motivos y razones para dejar de fumar, selecciona cuatro motivos de tipo positivo y otros cuatro de tipo negativo que te parezcan muy importantes. Anótalos brevemente en los siguientes espacios:

Mis principales motivos de tipo positivo para dejar de fumar:

1. _____

_____

2. _____

_____

3. _____

_____

4. _____

_____

Mis principales razones de tipo negativo para dejar de fumar:

1. _____

_____

2. _____

_____

3. _____

_____

4. _____

_____

En esta lista incluye tus motivos más personales, si es que tienes algunos.

Ya que tienes la lista de tus motivos importantes, apréndala de memoria y dedica algunos momentos libres durante el día para meditar (reflexionar) en cada uno de ellos. Por lo pronto, continúa fumando como de costumbre. No intentes modificar tu hábito de fumar, sólo dedica los momentos que puedas para reflexionar serenamente en las buenas razones por las cuales conviene dejar los cigarros.

Cuando te parezca que tienes motivos sólidos para dejar de fumar, que son muy importantes para ti, toma la decisión de dejar los cigarros, con toda tranquilidad y firmeza. Puedes repetirte que quieres hacer eso y que lo vas a intentar de veras, echándole ganas.

Es importante que continúes recordando los motivos que te impulsan a hacerlo. Esto seguirá reafirmando tu decisión de romper el hábito del tabaquismo. También será el elemento principal que te dará fuerza para sobreponerte a las situaciones en las que el deseo de fumar sea muy intenso. A medida que reflexiones acerca de tus razones y motivos, éstos se irán haciendo más poderosos y te será más fácil dejar de fumar (Abraham).

Sigue leyendo porque en los siguientes capítulos te iremos mostrando los caminos prácticos para que puedas convertir tu meta en una realidad. El tabaco intoxica, es preferible el aire puro. ¡Viven más y mejor los que ya no fuman!

Capítulo 6

¿Qué es el autocontrol del tabaquismo?

Llegaste a la firme decisión de dejar los cigarros, apoyada por motivos que para ti son fuertes e importantes. Te puedes felicitar por haber dado ese paso tan decisivo; ahora necesitas aprender los medios prácticos para hacer realidad esa meta.

Las técnicas de autocontrol psicológico obtienen los mejores resultados en la lucha por eliminar el tabaquismo. Primero te explicaremos la falta de control de muchos fumadores habituales, y luego los principios básicos del autocontrol, incluyendo sugerencias para que puedas controlar las circunstancias que motivan tu conducta de fumar cigarros; para terminar, elegirás -entre dos caminos para dejar de fumar- el que más te convenga.

La ausencia de control

En las grandes ciudades, hay individuos que parecen estar robotizados. No se proponen metas, ni hacen planes para el futuro. Reaccionan de manera automática ante los estímulos y circunstancias que les rodean, y se dejan llevar por la propaganda y el conformismo social.

Tienen hábitos destructivos que dañan la salud e impiden la felicidad plena, como el tabaquismo (o el alcoholismo). Estas personas no se sienten libres, porque rara vez ejercitan sus capacidades de proponerse algo y tomar decisiones bien pensadas.

Parece que las compañías tabacaleras creen que los mexicanos somos puro sentimiento y carecemos de autocontrol, por lo que nos pueden empujar, como si fuéramos borregos, a un consumo desenfrenado de cigarros. Sin embargo, en algunos países de Latinoamérica se educa a los consumidores para que dejen de malgastar su dinero en productos que nos dañan, como alimentos chatarra, alcohol, drogas y cigarros.

Para dejar de fumar, es importante conocer los factores que dan su fuerza al hábito de fumar:

a. Los estímulos y las circunstancias que anteceden la conducta de fumar.

b. El hecho de que los fumadores lo hagan sin pensar.

c. Las consecuencias gratas (reforzadoras) que se obtienen por esa conducta.

d. La habituación, tanto psicológica como fisiológica.

El cuadro 6.1 ilustra los factores que impulsan a fumar a las personas que no aprovechan su capacidad de control.

El fumador habitual

1. Siente deseos de fumar	a. Motivado por sus sensaciones internas Tensión, nerviosismo, irritabilidad y "necesidad" b. En muchas situaciones externas Fiestas, con amigos, en la casa y en el trabajo, al manejar, etcétera
2. Fuma sin control y sin llevar un registro	
3. Sigue fumando porque	a. Lo mueven las consecuencias gratas Le gusta, se acelera y se entretiene b. Ignora los peligros No valora ni cuida bien su salud, ignora las molestias y no piensa en los riesgos c. Tiene dependencia psicológica y fisiológica d. No toma la decisión de dejar de fumar

Cuadro 6.1 Por qué continúa fumando un fumador habitual

Estímulos antecedentes

Como ilustra el cuadro 6.1, los estímulos antecedentes son los eventos, externos e internos al fumador, que lo mueven a fumar en un momento dado. Es decir, sus actividades diarias, junto con algunas sensaciones y necesidades internas.

Encender los cigarros y fumarlos está ligado a numerosas rutinas de la vida diaria. Algunos fumadores encienden el primer cigarro en cuanto se levantan de la cama, o en cuanto terminan de desayunar. Hay personas que no pueden desempeñar su trabajo sin tener un cigarrillo en la boca; algunos ejecutivos fuman continuamente en las reuniones de negocios, por ejemplo en los restaurantes.

Otros acostumbran fumar cuando están en alguna fiesta o ven televisión. Los fumadores habituales no tienen control de las muchas situaciones y estímulos que los llevan a fumar de manera más o menos automática. En cualquier sitio alguien les ofrecen un cigarro que encienden sin pensar, o fuman cigarros de su propia cajetilla cuando platican con otra persona.

Para muchos, estudiar, trabajar, conducir un vehículo, etcétera, son actividades que se han asociado –condicionado– con el consumo de los cigarros. Se sienten intranquilos cuando no fuman; tener un cigarro en la boca es una parte de la imagen de sí mismos, casi como traer los zapatos puestos.

Algunas sensaciones, estados de ánimo y frases (diálogos internos) se convierten en señales que precipitan la conducta de fumar. Hay personas que encienden un cigarro en cuanto sienten la menor preocupación o tensión nerviosa. Los que fuman para calmar su nerviosismo, acaban por sentirse nerviosos casi siempre, con ganas continuas de fumar.

Otros sentimientos que se asocian con los cigarros son la tristeza, la soledad y la ira, algunos nos dicen que necesitan un cigarro urgentemente porque su jefe lo regañó en el trabajo. Como ya dijimos antes, los cigarros también se usan para escapar del aburrimiento y tratar de neutralizar algunas sensaciones de cansancio y soledad.

Las personas que pretenden dar alivio momentáneo a sus sensaciones de ahogo respiratorio con la nicotina de los cigarros absorben elevadas dosis de monóxido de carbono que les roba el oxígeno. Por eso, se siente peor, y fuman para aliviar su malestar: mientras están más ahogados, consumen más cigarros, sumergidos en un círculo vicioso. Existen salidas más sanas para la ansiedad y la angustia, como explicaremos en el capítulo 10.

Los eventos que anteceden a la conducta de fumar, sean internos o externos al fumador, lo impulsan a seguir fumando, porque en el pasado han fumado en esas circunstancias. La fuerza de las circunstancias y rutinas diarias es muy importante; además, fumar ha tenido consecuencias placenteras que, por lo general, son inmediatas.

Fumar sin control

En los fumadores habituales, la conducta de fumar, incluyendo llevar cigarros y encenderlos, no está sujeta a ningún control. Algunos encienden un cigarro tras otro, sin advertir que tienen otro en el cenicero. Cuando se acaban una cajetilla, compran otra. Así, día tras día, semana tras semana, y año tras año.

Consecuencias gratas

Ya mencionamos que el fumador obtiene ciertos beneficios inmediatos al fumar. Sobre todo al principio, fumar cigarros es una actividad recreativa y placentera que los anima y relaja. La propaganda rodea a los fumadores de una apariencia de felicidad instantánea.

Como sabemos, cada inhalación es un reforzador. Calculamos que los que fuman una cajetilla diaria inhalan unas 75 000 veces al año; ese elevado número de reforzamientos sostiene el hábito del tabaquismo. Al fumar, las personas anticipan seguir recibiendo placer y otras gratificaciones (dependencia psicológica).

En los fumadores habituales, la dependencia de tipo fisiológico también los impulsa para continuar haciéndolo. Su organismo se ha acostumbrado a la nicotina; siguen fumando para evitar los síntomas de abstinencia a la nicotina.

Algunos fumadores ignoran los daños a la salud que provocan los cigarros y prefieren no pensar en eso. Otros se llenan la cabeza de pretextos para seguir fumando, a pesar de que los cigarros han debilitado su salud. Como ya lo mencionamos antes, llevan en la cabeza algunos prejuicios e ideas falsas.

Podemos decir que cualquier persona que fuma habitualmente lo hace: *a*) ante una serie de estímulos externos e internos, *b*) motivado por su habituación y por una cadena de reforzamientos (premios) y *c*) porque su conducta de fumar no está sujeta a ningún control.

El autocontrol del tabaquismo

A diferencia de los robots de ciencia ficción, los humanos tenemos la capacidad de anticipar el futuro con nuestra imaginación e inteligencia. También podemos detenernos para examinar las conductas automáticas indeseables.

La persona que utiliza el autocontrol no reacciona de manera automática ante sus circunstancias. Por el contrario, toma el control de su propio destino en aspectos muy concretos y se convierte en el agente más importante en la creación, dirección y regulación de sus propias conductas. (Goldfried y Merbaum; Meichembaum, Navarro).

Cambia sus programas internos que generan conductas indeseables. Escapa del aparente determinismo de algunos hábitos y actúan de maneras nuevas ante las rutinas de la vida diaria. Disfruta los efectos de sus acciones positivas, desarrolla nuevos hábitos (más sanos) y enriquece su personalidad con mejores elementos; también desarrolla sus potencialidades humanas.

Lo anterior no es tan fácil, porque el autocontrol requiere interés, atención y suficiente constancia. Sin embargo, las técnicas del autocontrol han demostrado millones de veces su efectividad, por todo el mundo, para eliminar una multitud de hábitos nocivos como el tabaquismo, el alcoholismo o comer demasiado.

Para que logres, de manera exitosa, tu meta de dejar de fumar, necesitas controlar:

1. Las circunstancias (los antecedentes) que te mueven a fumar y despiertan las ganas.
2. La misma conducta de fumar; gran parte del éxito de los tratamientos psicológicos se basa en llevar registros cuidadosos.
3. Las consecuencias de fumar.

Como ilustra el cuadro 6.2, la persona que deja de fumar: *a*) está bien informada y toma esa decisión porque tiene fuertes razones personales para ello. *b*) utiliza registros para conocer mejor su hábito y dejar de fumar. *c*) controla los estímulos (tanto internos como externos) que se relacionan con las ganas de fumar. *d*) controla las consecuencias (los reforzamientos).

La persona (hombre o mujer) que deja de fumar

1. Tomó la firme decisión de dejar los cigarros	a. Está bien informado y se libró de los mitos y prejuicios que le podrían estorbar b. Tiene razones personales y motivos sólidos para eso
2. Controla la conducta de fumar mediante registros diarios	a. Uno para conocer mejor su hábito (dos semanas) b. Otro para dejar de fumar (bien sea de golpe, o de manera gradual)
3. Controla los estímulos y los deseos de fumar	a. Utiliza distractores por unas semanas, mientras desaparecen las ganas y la "necesidad" b. Procura evitar las situaciones en las que fumaba. (Por ejemplo, no acepta cigarros de nadie) c. Evita los pensamientos y las fantasías derrotistas d. Elimina las tensiones mediante algún ejercicio o deporte
4. Controla las consecuencias	a. Se anima, alegra y premia cuando no fuma b. Cuando siente deseos (o si acaso fuma), imagina los daños a su salud y se priva de alguna recompensa

Cuadro 6.2 Panorama de las técnicas del autocontrol psicológico

A continuación ofrecemos algunas sugerencias prácticas para controlar las rutinas diarias y las demás circunstancias que te llevan a fumar. Por lo pronto, no intentes practicar ninguna de ellas; sólo lee con atención, para que vayas seleccionando las que se pueden aplicar mejor a tus circunstancias personales.

El control de circunstancias y rutinas diarias

Uno de los principales factores que dan su fuerza al hábito de consumir cigarros es la variedad de situaciones en las que la persona fuma. Para eliminar el tabaquismo, conviene controlar de manera cuidadosa las rutinas diarias que te llevan a fumar. En los que fuman muchos cigarros al día, es muy grande el número de situaciones que activan este hábito.

Entre los estímulos internos, están las emociones negativas: nerviosismo, tensión, ansiedad, tristeza y coraje, junto con los pretextos y las razones falsas por las que alguien justifica su hábito, o la fantasía de que el fumador adquiere una imagen social más aceptable.

Quizá te preguntes por qué muchas personas nunca llegan a tomar la decisión de dejar de fumar. Aunque ya dimos algunas explicaciones, subrayamos otras dos:

a. Una razón es el miedo a fracasar; algunas personas nos dicen que no pueden dejar de fumar, cuando ni siquiera se atreven a intentarlo. Se imaginan que se sentirían mucho peor si lo intentaran y fracasaran. Tampoco conocen las técnicas psicológicas modernas, que les permitirían intentar dejar de fumar y lograrlo sin demasiados esfuerzos.

b. Otra razón es que algunos fumadores empiezan a imaginarse lo mal que van a sentirse durante el resto de su vida si dejan de fumar. Esto les provoca preocupación y ansiedad. Es de suma importancia que aprendan a desechar ese tipo de pensamientos tan negativos y derrotistas.

Para debilitar el hábito de fumar, te conviene romper la asociación automática que existe entre las circunstancias externas que anteceden a esa conducta; por ejemplo, necesitas rechazar los cigarros que te ofrecen tus amigos.

Este procedimiento se lleva a cabo durante unas cuantas semanas; una vez que se ha roto la asociación entre las circunstancias (los estímulos) y la conducta de fumar, ya no es necesario continuar evitándolas.

A continuación damos algunos ejemplos; sin embargo, puedes emplear otras estrategias parecidas que te sirvan para dejar de fumar.

Para algunas personas, las sobremesas son una fuerte tentación para fumar. Terminada la comida, se quedan platicando largo tiempo, mientras encienden un cigarro tras otro. A éstas les ayuda levantarse de la mesa en cuanto terminen de comer. Si se lavan los dientes inmediatamente después de comer, no sienten tantos deseos de fumar, porque rompen la asociación entre la sobremesa y los cigarros.

También ayuda cambiar el café por té, durante algún tiempo, y las bebidas alcohólicas por refrescos, si el café y las bebidas alcohólicas son un estímulo fuertemente condicionado para encender cigarros. Si eres de los que fuman cuando ven que otras personas lo hacen, te conviene evitar el contacto con los fumadores por unas semanas.

Otra estrategia consiste en establecer, dentro de tu casa, en tu trabajo, o en lugares donde pasas largos periodos, ciertas zonas donde no vas a fumar. Por ejemplo, una señora puso letreros de "se prohibe fumar", en la recámara, la cocina y el comedor y pidió a su marido y a sus hijos (que también fumaban) que siguieran los señalamientos. Para fumar necesitaban salir al jardín o a la calle, y así toda la familia dejó de fumar por completo en unas cuantas semanas.

Es importante que las zonas en las que te permites fumar estén relativamente aisladas y sean pocos accesibles, para que el hábito de fumar vaya perdiendo su fuerza.

Para controlar las circunstancias externas, también puedes frecuentar por algún tiempo sitios en los que no se permite fumar. Cuando estás en un cine, teatro, biblioteca, museo, hospital, o escuela en la que se prohibe fumar, es menos probable que sientas la necesidad de encender un cigarro porque en esos lugares nunca lo has hecho.

Te conviene no traer cigarros contigo, o llevar solamente el número que vas a fumar ese día, de acuerdo con uno de los métodos que explicaremos más adelante. En todo caso, a las personas que ya no fuman, les conviene dejar de comprar cigarros. Cuando sienten necesidad de fumar, no los piden a sus amigos fumadores.

También ayuda cambiar la marca de cigarros, porque tu organismo no se ha acostumbrado al nuevo sabor, olor, etcétera. Los nuevos cigarros son menos agradables, y eso ayuda para dejar de fumar.

A los fumadores que descargaban sus ganas de hacer algo con las manos mediante los cigarros, les ayuda llevar un objeto pequeño que pueden manipular, como un lápiz, una pequeña piedra, un trozo de madera, etcétera. En algunos países de Oriente se utilizan pequeños rosarios de cuentas para darles vueltas con los dedos (repitiendo mantras) y así se calman.

El deseo de fumar se reduce notablemente al chupar o masticar algo. Es posible sustituir la costumbre de llevar un cigarro en la boca masticando chicles o chupando pastillas de sabores picantes o ácidos, como menta y canela. Otros mastican pedacitos de jícama o zanahoria, beben un poco de agua o jugo, etcétera. Otra alternativa consiste en cepillarse los dientes.

Parte del placer de fumar es la inhalación profunda; una manera sencilla de manejar el nerviosismo es respirar profundamente unas cinco veces. La ventaja es que al respirar profundamente inhalas oxígeno, y no las sustancias tóxicas de los cigarros. Respirar profundamente unas cuantas veces produce notables efectos calmantes.

Cuando dejes de fumar, sentirás más energía, poco a poco. Por eso, conviene que ensayes nuevas maneras de descargar y utilizar esa energía. Por ejemplo, puedes hacer caminatas, cada vez más largas, o puedes empezar a correr. También ayudaría que dejes la vida sedentaria y practiques algún deporte o ejercicio físico.

Si sientes ganas de fumar cuando estás sentado, te pueden levantar y dar algunas vueltas alrededor de tu habitación. También pueden mirar unos momentos a través de la ventana, o abrir un libro que te interese y leer algunos momentos. Otros modos de distraerte son: salir a dar un paseo, ir al cine, concentrarte en lo que haces, etcétera.

Te conviene descartar algunas opiniones de los demás: cuando fuman, dicen que necesitan hacer eso porque están nerviosos, enojados, cansados, aburridos, alegres, etcétera. Los pretextos para fumar abundan, pero juntando muchos pretextos no se llega a una buena razón.

Es posible que te cueste trabajo estar sin los cigarros durante algunas semanas, pero las molestias desaparecerán luego y ya no tendrás ningún problema.

Autocontrol de la conducta de fumar

Ya cuentas con suficiente información para manejar las rutinas diarias que te llevan a fumar; ahora te toca elegir la manera particular como vas a controlar la conducta de fumar cigarros, es decir, cómo le vas a hacer para dejar de fumar.

Hay dos opciones distintas: puedes dejar de fumar de golpe, o ir disminuyendo gradualmente el número de cigarros que consumes diariamente. En los siguientes dos capítulos las explicaremos por separado.

Para algunas personas es más fácil dejar de fumar de golpe, mientras que otras prefieren ir dejando de fumar poco a poco. Si ya tienes una preferencia marcada por cualquiera de estos dos procedimientos, el paso siguiente es que leas el capítulo que se acomoda mejor a tus preferencias y a tu modo de ser, y sigas los pasos que allí te iremos indicando. No hagas caso del otro capítulo.

Si todavía no tienes preferencia especial por alguno de los dos caminos, procede a leer los capítulos 7 y 8. Después de eso, podrás elegir la alternativa que mejor te convenga: dejarás de fumar gradualmente, o lo harás de golpe.

A continuación, sigue las instrucciones del capítulo que correspon-de a tu elección, y ya no tomes en cuenta el otro.

Las dos primeras semanas de autocontrol son iguales para las dos opciones, en ese tiempo llevas un registro diario del número de cigarros que consumes. No cambias para nada la conducta de fumar; solamen-te la observas, para entenderla de la mejor manera posible. Después, ambos tratamientos son diferentes.

Cualquiera que sea tu elección, te conviene leer también los capítu-los que tratan acerca del manejo de tensiones y preocupaciones, y del autocontrol del pensamiento y la imaginación para dejar de fumar. Esos capítulos te proporcionarán técnicas complementarias que te facilitarán el camino que hayas elegido para dejar de fumar.

Capítulo 7

Autocontrol para dejar
de fumar de golpe

Para las personas que están decididas a dejar de fumar y están bien motivadas, el mejor camino es hacerlo de golpe. La decisión es clara y tajante; así se ahorran vacilaciones y ambigüedades. Prefieren hacerse a la idea de que ya no serán fumadores a partir de una fecha determinada, en lugar de elegir el camino para dejar de fumar poco a poco, que tarda algunas semanas.

Con base en algunas investigaciones (Lara, Evans y Lane, Powell y McCami, Hughes y otros); a lo que reportan los expertos en conducir programas para dejar de fumar, y según nuestra propia experiencia, esta alternativa conviene a la mayoría de la gente.

¿Acaso las personas que dejan de fumar por sí mismas tienen cualidades únicas, a diferencia de los que reciben tratamiento en clínicas especializadas?

Para responder a esa pregunta, Di Clemente y Prochaska compararon un grupo de personas que habían dejado de fumar por sí mismas, con otro, en él las personas habían acudido a recibir tratamiento para el manejo del tabaquismo en algunas clínicas; ambos grupos consumían la misma cantidad de cigarros.

Las personas que dejaron de fumar por iniciativa propia se mantenían sin fumar igual (o más) que las que habían recibido ayuda para dejar los cigarros. Apreciaban sus procesos de liberación y crecimiento personal; habían llegado a un serio compromiso consigo mismas –que renovaban cada día– de no fumar.

Les ayudaba pensar en las ventajas que recibían por no fumar, y disfrutaban mejor salud porque ya no fumaban. Mantenían un control activo e inteligente de las situaciones en las que antes fumaban; por ejemplo, no compraban cigarros ni los llevan consigo; tampoco aceptaban los ofrecimientos de cigarros que hacen los fumadores. Además, practicaban algún deporte o ejercicio físico para mejorar su capacidad respiratoria.

Si quieres dejar de fumar de golpe, te recomendamos que aprendas las razones que mejor te motivan. Dedica algunos ratos sueltos durante los siguientes días para meditar sobre ellas; así las harás más fuertes y te resultará todo más fácil.

Una de las razones principales es que vivirás más sano y disfrutarás la vida mayor tiempo. Ya mencionamos las ventajas de dejar los cigarros. Además, conviene que te dejes impactar por las enfermedades causadas por el tabaquismo (las mencionamos en el capítulo 3). El capítulo 10 explica la manera de imaginar los efectos nocivos del humo de los cigarros.

Los médicos les indican a ciertos fumadores que si continúan fumando mucho, tendrán que ser hospitalizados a corto plazo; por esta razón, no tienen problemas para dejar de fumar inmediatamente (lo tienen prohibido). O dejan los cigarros, o se mueren.

Otras personas dejan de fumar porque comprenden -de modo súbito y claro- que se están dañando la salud. Así, un fumador habitual se miró en el espejo cuando tenía un violento acceso de bronquitis. Al ver su cara amoratada y contraída y sus esfuerzos jadeantes por respirar, cayó en la cuenta de que arriesgaba su salud de manera muy tonta y peligrosa, y resolvió dejar los cigarros.

Te conviene ensayar ejercicios de relajación, hacer ejercicio, realizar algunas actividades placenteras, o practicar un deporte, para que el nerviosismo y las tensiones encuentren salidas más constructivas.

Las técnicas de autocontrol para dejar de fumar de golpe tienen dos etapas principales: *a*) observación de tu conducta de fumar durante dos semanas, para conocer las situaciones, estados de ánimo y otras circunstancias en las que acostumbras fumar, y te motivan a eso, y *b*) dejar de fumar al cabo de esas dos semanas.

En la primera etapa, conocerás a fondo tu hábito; eso requiere que lleves un registro diario de los cigarros que consumes. Más adelante, cuando hayas dejado de fumar, el segundo registro (de mantenimiento) es más sencillo.

El registro de línea base

Dos semanas antes de la fecha en que dejarás de fumar de golpe, anota (en una hoja de papel) el momento en que que fumas y las circunstancias en las que lo haces. La única meta es que conozcas tu hábito lo mejor modo posible, y procures realizar una evaluación serena y objetiva de tu situación actual.

El registro de línea base se llama así porque dejarás de fumar a partir de la base real (las circunstancias concretas) de tu hábito. Otro modo de llamarlo es de observación, porque sirve para eso.

Así podrás detectar los estímulos y las rutinas que facilitan tu hábito de fumar: si fumas más a ciertas horas, en algunas situaciones, mientras realizas una actividad específica o tienes algún estado de ánimo en particular. Más adelante te empeñarás en evitar estas situaciones.

Es importante que seas lo más específico posible. No te esfuerces por dejar de fumar ni por disminuir el número de cigarros que fumas. Es mejor que fumes como siempre lo has hecho, para que te des la oportunidad de observar tu hábito con toda claridad y serenidad.

Hemos dado a estas semanas el lema de "fuma sin culpa", ya que será la primera vez en meses, o tal vez en años, en que va a encender un cigarro sin decirte: "Debería dejar de fumar" o "éste es el último que fumo".

El cuadro 7.1 presenta la hoja que se utiliza durante el periodo del registro de observación, con sus encabezados correspondientes.

Nombre _____   Fecha _____

Hora	Lugar	¿Qué estás haciendo?	¿Cómo te sientes?
_____	_____	_____	_____

Total del día _____

Cuadro 7.1 Hoja para el registro de observación.

Escribe estos mismos encabezados en una hoja de papel, para que vayas haciendo tu registro diario.

En esa hoja de papel (registro de observación o línea base) vas anotando la hora en que fumas cada cigarro, el lugar, la actividad que estás realizando y el estado de ánimo en el que te encuentras. Al responder a la pregunta ¿En dónde? no pongas solamente "en el trabajo" o "en la casa"; trata de precisar si fue en un pasillo, en la sala de juntas, en el escritorio, en la cocina, en el comedor, en el baño, manejando rumbo a tu casa, etcétera.

En la columna en la que se te pide que escribas ¿Qué estás haciendo? concreta lo mejor posible la actividad o trabajo que realizas cuando fumas ese cigarro. Por último, en la pregunta ¿Cómo te sientes? no contestes solamente "bien" o "mal"; trata de aclarar si estás contento, eufórico, triste, aburrido, nervioso, preocupado, distraído, concentrado, ecuánime, etcétera.

Empieza a llevar tu registro de línea base en cuanto te levantes. Si estás preparado, empieza el día de mañana. Toma cualquier hoja de papel y escribe en ella los encabezados que aparecen en el ejemplo anterior (fecha, hora, lugar, ¿qué estás haciendo?, ¿cómo te sientes?) y las líneas correspondientes. Dobla luego tu hoja de registro, y métela en la cajetilla de cigarros, entre el celofán y la cajetilla.

Mañana, cada vez que saques un cigarro para fumarlo (o en cuanto puedas), anota los datos que corresponden a la hora, el lugar, la actividad y a tu estado de ánimo. Cuando te acabes esa cajetilla, introduce esa hoja de registro en la nueva, antes de tirar la cajetilla anterior. Por la noche, antes de dormirte, suma los cigarros que consumiste ese día, y anota el total.

En otra hoja escribe los mismos encabezados y líneas. Introduce la nueva hoja en la cajetilla para utilizarla el día siguiente. Haz las mismas anotaciones y procede de la misma manera, todos los días, durante dos semanas. En ese tiempo vas guardando las hojas de registro.

También puedes volver a leer algunas partes del libro que te hayan interesado más, por ejemplo los capítulos que tratan acerca del manejo de las tensiones y las preocupaciones. El cuadro 7.2 presenta un ejemplo de la manera como se lleva el registro de observación.

Nombre _____ Fecha _____

Hora	Lugar	¿Qué estás haciendo?	¿Cómo te sientes?
7:15 a.m.	recámara	vistiéndome	somnoliento
8:30 a.m.	comedor	después de desayunar	contento
8:45 a.m.	calle	manejando al trabajo	tenso
9:15 a.m.	oficina	planeando el día	acelerado
9:30 a.m.	corredor	platicando con amigos	distraído

6:00 p.m.	oficina	entrevistando un cliente	molesto
6:30 p.m.	restaurante	platicando con cliente	impaciente
6:45 p.m.	restaurante	después del negocio	contento
8:00 p.m.	calle	manejando a casa	cansado
8:45 p.m.	sala	con los niños	enojado
9:00 p.m.	sala	viendo tele	cansado
9.30 p.m.	recámara	leyendo	aburrido

Total del día = 35

Cuadro 7.2 Ejemplo del modo como se lleva el registro
diario durante el periodo de observación o línea base.

Al llegar al término de las dos semanas de observación, repasa las hojas de registro e intenta detectar los patrones que se repiten. De este modo podrás prever las situaciones y estados de ánimo en los que te cuesta más trabajo dejar de fumar, o son más frecuentes.

Son situaciones que te conviene evitar; si eso no es posible, en ellas te conviene renovar el propósito de no fumar, recordar tus motivos, y utilizar distracciones para no pensar en eso. También puedes utilizar otras estrategias, como el autocontrol de la imaginación.

Conviene que observes la columna de "cómo te sientes"; si anotaste con mucha frecuencia (o casi siempre) que te sientes triste, deprimido y angustiado, te recomendamos que antes de continuar el programa para dejar de fumar busques algún amigo para desahogarte, o consultes algún especialista.

A la mayoría de las personas les conviene el periodo de observación durante dos semanas. Sin embargo, si tú consideras, al cabo de ocho o diez días (a título excepcional), que ya conoces bien tu hábito, puedes pasar al siguiente paso. Eso también sería válido para los que tienen una motivación muy fuerte y clara para dejar de fumar ya, y también si consumen menos de una cajetilla diaria.

El día antes de dejar de fumar

Has llegado tú con todo éxito al día anterior a la fecha que te has fijado para dejar los cigarros.

Conoces bien tu hábito –y las circunstancias del mismo– por el registro de observación que has llevado. La fase siguiente es dejar de fumar.

Sin embargo, si por alguna razón crees ahora que te sería más fácil reducir el consumo de cigarros de modo gradual, en el capítulo 8 te damos instrucciones para hacer eso. Deja de leer este capítulo, y pasa al siguiente, (tema número dos) que trata del registro de disminución gradual de los cigarros.

Si todavía cuentas con suficiente motivación e interés para dejar de fumar de golpe, continúa leyendo este capítulo.

Prepárate para el día siguiente, en que vas a dejar de fumar; arregla tu horario de ese día y el de las próximas dos semanas. Consulta tus registros, para que anticipes las situaciones en las que te va a costar más trabajo no fumar.

Es importante que trates de evitar, en lo posible, las situaciones que están asociadas fuertemente con la costumbre de fumar. Procura planear nuevas actividades que realmente te produzcan satisfacción como ver las mercancías de las tiendas y tal vez comprarte algo. También puedes visitar alguna persona cuyo trato te sea agradable y que no fuma. Procura evitar el trato con personas que fuman.

Puedes comprar algunos chicles o pastillas para chupar y usarlas cuando sientas deseos de fumar. También puedes comprar algún libro o libros que te resulten interesantes, para distraerte. En el capítulo 6 dimos otras sugerencias para el control de las rutinas diarias.

El día antes de dejar de fumar, puedes cambiar la marca de los cigarros que fumas. También puedes fumar más de lo acostumbrado y dar el golpe más frecuentemente para llegar a una saturación.

Unas cuantas personas prefieren guardar un cigarro, de modo simbólico, para llevarlo consigo y tenerlo cerca (por ejemplo en una cajita de su escritorio) si se sienten realmente desesperados. La verdad es que casi nadie llega a tanto, por lo que finalmente lo tiran a los pocos días sin haberlo fumado.

La noche del día antes de dejar de fumar, tira a la basura (o al excusado) los cigarros que te quedan y di que finalmente ya no vas a fumar. También tira la caja de cerillos. Si utilizas un encendedor, guárdalo en un lugar poco accesible. Piensa algunos momentos en que ya no fumarás a partir del día de mañana. Las instrucciones para llevar el segundo registro se presentan a continuación.

Registro para después de dejar de fumar

Como dijimos, la fecha para dejar de fumar de golpe es al día después que terminaste el registro de línea base. Ya tuviste éxito en esa importante etapa, y ahora necesitas empezar a llevar otro registro, durante cinco semanas.

Este registro es mucho más sencillo. Se trata de que pongas, en un lugar visible de tu cuarto, en una hoja de papel, los días de la semana, y vayas anotando, antes de dormirte, un número cero, por cada día que lograste terminar sin fumar nada. El cuadro 7.3 ilustra el modo de llevar el registro semanal para después de dejar de fumar de golpe. Anota como primer día de la semana el día que dejaste de fumar.

Es muy importante que no te prometas dejar de fumar para siempre. Tu única promesa es que no vas a fumar ese día. Al principio del día siguiente, vuelve a hacer la misma promesa, y continúas haciendo eso durante las cinco semanas.

Al terminar la primera semana, examina los resultados y guarda la hoja. En otra hoja, escribe los días de la próxima semana, y continúa de igual modo hasta que terminen las cinco semanas. Las primeras dos semanas son muy importantes; cuando terminen, podrás comprobar que tus ganas de fumar han disminuido de modo muy notable, por lo que te cuesta mucho menos trabajo mantenerte sin fumar.

Nunca lleves cigarros contigo. A lo más, lleva uno, como mero símbolo y sin ninguna intención de fumarlo. Sin embargo, si alguna vez lo fumas, no te desesperes por eso; sólo anota 1 ese día y renueva tu intención de no fumar nada al día siguiente.

Durante los días en que ya no fumas, sigue ensayando las técnicas de respiración y relajación, para que des mejores salidas a tus tensiones y a tu nerviosismo. También lee el capítulo 9 para que aprendas a evitar algunos pensamientos obsesivos durante los primeros días en los que ya no fumas. Procura no darte falsas razones (no inventes pretextos) para fumar de nuevo.

Lo principal es que recuerdes diariamente los motivos por los que ya no fumas. Cuando lo necesites, puedes leer de nuevo el capítulo cinco, para refrescar las razones por las que decidiste dejar de fumar.

Primera semana		Quinta semana	
Martes	0	Martes	0
Miércoles	0	Miércoles	0
Jueves	1	Jueves	0
Viernes	0	Viernes	0
Sábado	0	Sábado	0
Domingo	1	Domingo	0
Lunes	0	Lunes	0
Total	2	Total	0

Cuadro 7.3 Forma de llevar el registro semanal
después de haber dejado de fumar de golpe.

Anota como primer día de la semana el primero en el que dejaste de fumar. Para dejar de fumar de golpe, es muy importante que cambies la imagen de ti mismo. Piensa que ya no eres fumador, y repítelo las veces que puedas, para convencerte, poco a poco, que eso es verdad.

Al principio, algunas veces sentirás el antojo de fumar, pero luego tu organismo se irá acostumbrando a la ausencia de nicotina y el oxígeno te dará renovada vitalidad.

La conducta de fumar ya no está disponible para ti, porque ya no eres fumador. Si sientes deseos de fumar puedes escoger, entre muchas alternativas, alguna actividad que te haga olvidar las ganas, liberar tu tensión nerviosa y distraerte.

Conviene que comuniques a su familia, a tus amigos y compañeros de trabajo, que ya no fumas. Los que se interesan en su salud y bienestar, se alegrarán de que ya no corras riesgos innecesarios para su salud. Además, en caso de que les pidas un cigarro, es probable que te hagan algún comentario negativo, y se muestren desilusionados de que intentes volver a un hábito que perjudica tu salud.

Es importante que no aceptes ningún cigarro que te ofrezca alguna persona. Dile que ya no fumas. Notarás que dejarán de ofrecerle cigarros en cuanto adviertan que ya no eres fumador. Es posible que algunas personas que todavía fuman se animen más tarde a dejar los cigarros movidos (en parte) por tu ejemplo. Un poco más adelante podrás comentar a tu familia y a tus amigos lo bien que te sientes por no fumar.

A continuación te ofrecemos otras sugerencias para ayudarte a sentir menos molestias durante los primeros días en los que ya no fumas.

1. Cuando sientas deseos de fumar, procura no obsesionarte pensando en que te va a pasar algo catastrófico si no fumas. Simplemente busca alguna actividad que te distraiga. En lugar de llevarte un cigarro a la boca, toma un poco de agua, mastica chicle, come algo que no te haga subir de peso, como trocitos de jícama, zanahoria, una naranja o chupa un trocito de madera (por ejemplo, un palillo).

2. No te hagas fantasías acerca de lo terrible que será pasarse los años sin fumar. Lo importante es pasar algunos momentos sin fumar. Esos momentos se convertirán en un día, luego en una semana, después en meses y años. Solamente sentirás dificultad los primeros días o a lo más unas semanas, mientras rompes el hábito. Cuando tu organismo se desintoxique, y ya no necesites la nicotina, no sentirás deseos de fumar.

3. Trata de adquirir hábitos positivos. Por ejemplo, corre un rato todas las mañanas o en las tardes, haz algún ejercicio y procura comer alimentos más sanos y nutritivos. También puedes leer algunos libros, o iniciar actividades culturales que sean de tu interés. Así darás salidas más sanas a tus tensiones y nerviosismo.

4. Si sientes deseos de fumar, camina un poco o respirar profundamente unas cuantas veces.

5. Sigue pensando en los motivos por los que ya no fumas. También puedes tratar de convencer a otros fumadores para que dejen de fumar, con lo cual te afianzarás en tus propias razones.

6. Algunos fumadores establecen diálogos consigo mismo en los primeros días que ya no fuman. Es como si una parte de ellos tratara de convencer a la otra para que vuelva a fumar. Por ejemplo, dice: "¿Qué te va a pasar con uno que te fumes?, ¿por qué no te fumas uno, ya que llevas tantas horas (o días) sin fumar? o ¿a poco te crees tan fuerte como para poder vivir toda la vida sin fumar?"

Conviene aprender a callar los diálogos desmoralizantes, para no perder tu tiempo y tus energías. El modo de terminar con ellos es simple: basta con reafirmar algún motivo por el que ya no eres fumador. También pueden empezar a hacer algo, para pensar en otra cosa.

7. Existen docenas de situaciones en las que antes fumabas. Por eso, podrías encontrar ocasiones para hacerlo. Por ejemplo, alguna reunión

familiar en la que muchos fuman, ver a tus amigos fumando porque tuviste un disgusto o estás enojado, nervioso, preocupado, etcétera.

Las ocasiones y los pretextos para seguir fumando abundan. Considera las ocasiones y los diálogos internos negativos como pretextos que puedes controlar porque tienes sincero interés por no seguir dañándote la salud.

8. Si acaso fallas algún día y fumas un cigarro, no tomes eso como un pretexto para desanimarte y abandonar por completo los avances que ya conseguiste. No pierdas tiempo en sentirte culpable y confundirte. Repasa tus motivos para dejar de fumar, afiánzate de nuevo en ellos, y sigue usando distracciones; también técnicas de relajación y respiración.

Puedes intentar otras actividades para evitar caer en la rutina y el aburrimiento. Concéntrate en lo que haces, y sigue llevando tu registro diario por las noches, como antes.

9. Conviene mucho que aprecies los avances que vas logrando y te felicites. Alégrate y anímate cuando llevas unas horas sin fumar, uno o varios días y algunas semanas. Aunque vas a llevar el segundo registro durante cinco semanas, descubrirás que las ganas de fumar desaparecen antes, como por arte de magia porque tu organismo se ha librado de la adicción a la nicotina, y se ha debilitado la costumbre de fumar.

10. Puedes ir depositando al fin de cada día, en un lugar especial, el dinero que ahorras porque ya no lo gastas en cigarros. Cuando hayas cumplido cinco semanas, cómprate algo que verdaderamente te guste. Anímate mientras llega esa fecha, pensando qué te vas a comprar, y cómo lo vas a gastar.

Recuerda que es muy importante pasar los datos de cada día a la gráfica por la noche. Pocas cosas te animarán tanto como contemplar y comprobar tus avances reflejados en esa gráfica.

Al fin de las cinco semanas, haz un examen de la situación. Si no fumaste ningún cigarro en ese tiempo, o a lo más fumaste alguno o unos cuantos, considera que has triunfado sobre tu hábito y felicítate por la mejoría que sientes. Nosotros también te felicitamos muy sinceramente porque ya eres una persona que no fuma.

Puedes regalar este libro a otra persona que todavía fuma, deseándole que también le sea útil. Dile que a ti te ayudó, y que esperas que a ella(él) también le ayude.

Si no has logrado tener éxito completo en el plazo de cinco semanas, continúa llevando el registro durante otras dos semanas. Revisa con cuidado las estrategias que has seguido, y ensaya otras nuevas. Si es que no pudiste aplicar las técnicas, ni lograste avances notables al usarlas, tal vez te convenga acudir a una de las clínicas especializadas en el manejo del tabaquismo del sector salud.

Capítulo 8

Autocontrol para dejar
de fumar poco a poco

En algunos grupos (muy costosos) para dejar de fumar, las personas reciben afecto, las ayudan a comprobar su progreso y premian sus avances. Un número considerable de ellas retoma los cigarros después de algún tiempo, debido a que no aprendieron a controlar la conducta de fumar sin el apoyo del grupo (y de los psicoterapeutas).

Los hombres y las mujeres que dejaron de fumar por sí mismas tienen menos riesgos de recaídas, porque aprendieron a fijarse metas personales, e irlas logrando de manera independiente; conocen los métodos que les dieron buenos resultados en el contexto de sus circunstancias particulares. Los pueden practicar de nuevo, cuantas veces haga falta, hasta lograr sus propósitos.

Aquí te proponemos trabajar de manera personal (autocontrol), apoyándote en la lectura atenta de algunas indicaciones. Tú has decidido dejar de fumar, y eliges cuándo y cómo irás logrando esa meta.

En primer lugar, te conviene examinar las situaciones en las que sueles fumar, para que puedas controlarlas; en la segunda etapa, irás disminuyendo el número diario de cigarros que fumas, hasta que elimines el tabaquismo.

Conviene que te acostumbres a la idea de que te vas a convertir en un ex fumador. Esto te dará fuerza para dejar los cigarros. Puedes imaginar que ya no fumarás en unas cuantas semanas más. La ventaja de disminuir el número diario de cigarros es que romperás el hábito casi sin ninguna molestia. Solamente necesitas constancia para llevar, durante algunas semanas, la cuenta de los cigarros que fumas diariamente.

Así podrás prevenir algunas dificultades, y también experimentarás los beneficios para tu salud que resultan de la eliminación gradual de las sustancias tóxicas del humo de los cigarros. Experimentarás satisfacción por las metas que vas logrando y valorarás lo que aún te queda por hacer.

Fijarte la meta de dejar los cigarros tiene gran fuerza motivadora. El psicólogo Bandura dice: "La motivación, que se relaciona con la activación y la persistencia de una conducta, tiene sus raíces en las actividades cognoscitivas. Por consiguiente, la capacidad de representarnos las consecuencias futuras mediante el pensamiento, nos proporciona una fuerza. Esta fuerza se basa en que utilizamos el pensamiento y la imaginación para motivarnos".

Es necesario que te animes por los logros que obtienes, te premies y te alegres, para que te sea más fácil prescindir del placer inmediato que representa un cigarro, en vista del bienestar para tu salud que representa dejar de fumarlo.

El camino del autocontrol psicológico para dejar de fumar poco a poco tiene dos etapas principales:

1. Un periodo en el que llevas un registro de observación (o línea base).
2. Otro periodo en el que llevas un registro para disminuir gradualmente el número de cigarros que acostumbrabas fumar.

Las ventajas de que lleves registros diarios son:

a. Puedes observar con todo detalle, y conocer mejor, tu conducta de fumar.
b. Te facilitan planear el futuro, e ir controlando tu hábito de modo sistemático y progresivo.
c. El registro diario es una fuente importante de reforzamiento positivo. Te animarás mucho al ir comprobando tus avances diarios hacia la meta final de romper el tabaquismo.
d. Si acaso tuvieras alguna dificultad para alcanzar tus metas diarias, con los registros podrás medir la relativa eficacia de las estrategias que empleas. En caso necesario, las podrás cambiar por otras que te den mejores resultados.

El registro de línea base

El registro se llama de línea base porque irás dejando de fumar a partir de la base real (las circunstancias concretas) de tu hábito. Otro modo de llamarlo es de observación, porque sirve para eso.

La forma práctica de llevar a cabo la observación es utilizando hojas de registro durante dos semanas. Un poco más adelante te daremos ejemplos concretos. Durante este tiempo, continúas fumando de la manera acostumbrada, porque todavía no se pretende modificar, de ninguna manera, tu hábito del tabaquismo.

De esta manera podrás detectar los estímulos y las rutinas que facilitan tu hábito de fumar: si fumas más a ciertas horas, en algunas situaciones, mientras realizas una actividad específica o tienes algún estado de ánimo en particular. Más adelante te empeñarás en evitar estas situaciones.

Es importante que seas lo más específico posible. No te esfuerces por dejar de fumar ni por disminuir el número de cigarros que fumas. Es mejor que fumes como siempre lo has hecho, para que te des la oportunidad de observar tu hábito con toda claridad y serenidad.

Hemos dado a estas semanas el lema de "fuma sin culpa", porque será la primera vez en meses, o tal vez en años, en que vas a encender un cigarro sin decirte: "Debería dejar de fumar" o "éste es el último que fumo".

El cuadro 8.1 presenta la hoja que se utiliza durante el periodo del registro de observación, con sus encabezados correspondientes.

Nombre _____ Fecha _____

Hora	Lugar	¿Qué estás haciendo?	¿Cómo te sientes?
_____	_____	_____	_____

Total del día _____

Cuadro 8.1 Hoja para el registro de observación. Escribe estos mismos encabezados en una hoja de papel, para que hagas tu registro diario.

En esta hoja de papel anota la hora en que fumas cada cigarro, el lugar, la actividad que estás realizando y el estado de ánimo en el que te encuentras. Al responder a la pregunta ¿En dónde? no pongas solamente "en el trabajo" o "en la casa"; trata de precisar si fue en un pasillo, en la sala de juntas, en el escritorio, en la cocina, en el comedor, en el baño, manejando rumbo a su casa, etcétera.

En la columna en la que se te pide que escribas ¿Qué estás haciendo? concreta lo mejor posible la actividad o trabajo que realizas cuando fumas ese cigarro.

Por último, en la pregunta ¿Cómo te sientes? no contestes solamente "bien" o "mal"; trata de aclarar si estás contento, eufórico, triste, aburrido, nervioso, preocupado, distraído, concentrado, ecuánime, etcétera.

El cuadro 8.2 presenta un ejemplo de la manera como una persona lleva su registro de observación.

Nombre _____ Fecha _____

Hora	Lugar	¿Qué estás haciendo?	¿Cómo te sientes?
7:15 a.m.	recámara	vistiéndome	somnoliento
8:30 a.m.	comedor	después de desayunar	contento
8:45 a.m.	calle	manejando al trabajo	tenso
9:15 a.m.	oficina	planeando el día	acelerado
9:30 a.m.	corredor	platicando con amigos	distraído
6:00 p.m.	oficina	entrevistando un cliente	molesto
6:30 p.m.	restaurante	platicando con cliente	impaciente
6:45 p.m.	restaurante	después del negocio	contento
8:00 p.m.	calle	manejando a casa	cansado
8:45 p.m.	sala	con los niños	enojado
9:00 p.m.	sala	viendo tele	cansado
9.30 p.m.	recámara	leyendo	aburrido

Total del día = 35

Cuadro 8.2 Ejemplo de la manera de llevar el registro
de observación (línea base) durante un día.

Empieza a llevar tu registro de línea base en cuanto te levantes. Si estás preparado, hazlo el día de mañana. Toma ahora cualquier hoja de papel y escribe en ella los encabezados que aparecen en el ejemplo anterior (fecha, hora, ¿en dónde?, ¿qué estás haciendo?, ¿cómo te sientes?) y las líneas correspondientes. Dobla luego tu hoja de registro y métela en la cajetilla de cigarros, entre el celofán y la cajetilla.

Mañana, cada vez que saques un cigarro para fumarlo, anota los datos que corresponden a la hora, el lugar, la actividad y a tu estado de ánimo. Cuando te acabes esa cajetilla, introduces la hoja de registro en la nueva antes de tirar la anterior.

Cuando te vayas a dormir, por la noche, suma todos los cigarros que consumiste ese día, y anota el total.

En otra hoja escribes los mismos encabezados y líneas. Introduces la nueva hoja en la cajetilla para utilizarla el día siguiente. Haces las mismas anotaciones y procedes de la misma manera, todos los días, durante dos semanas. En ese tiempo guarda las hojas de registro.

También puedes volver a leer algunas partes del libro que te hayan interesado más, por ejemplo los capítulos que tratan acerca del manejo de las tensiones y las preocupaciones.

Cuando vayas llegando al término de las dos semanas de observación, repasa las hojas de registro e intenta detectar los patrones que se repiten. De esta manera, prever cuáles son las situaciones y los estados de ánimo en los que te cuesta más trabajo dejar de fumar, y que ocurren con mayor frecuencia.

Se trata de situaciones que es mejor que evites. Si eso no es posible, en esas situaciones te conviene renovar el propósito de no fumar, recordar tus motivos, y utilizar distracciones para no pensar en eso. También puedes utilizar otras estrategias, como el autocontrol de la imaginación.

Conviene que observes la columna de "cómo te sientes". Si anotaste con mucha frecuencia (o casi siempre) que te sientes triste, deprimido y angustiado, te recomendamos que antes de continuar con este programa para dejar de fumar busques algún amigo para desahogarte, o consultes algún especialista.

A la mayoría de las personas les conviene un periodo de observación durante dos semanas. Sin embargo, si tú consideras, al cabo de ocho o diez días (a título excepcional), que ya conoces bien tu hábito, puedes pasar al siguiente paso. Eso sería válido si tienes una motivación muy fuerte y clara para dejar de fumar ya, y también si consumes mucho menos que una cajetilla diaria de cigarros.

El día antes de iniciar la disminución gradual

Ya tomaste la decisión de disminuir gradualmente el consumo diario de cigarros con el propósito final de eliminar el tabaquismo. Si por razones sólidas y motivos fuertes estás verdaderamente harto de fumar y prefieres dejar de fumar de golpe, no tienes por qué seguir leyendo este capítulo; pasa a leer el capítulo 7 en el tema El día antes de dejar de fumar. Si todavía prefieres el método de disminución gradual, continúa leyendo este capítulo.

El día de hoy necesitas tomar otra segunda decisión, en el contexto de las circunstancias particulares de tu hábito: particularizar cuál será la disminución diaria; eso determina qué tan lento o rápido irás rompiendo el hábito de fumar.

La disminución tiene que ser planeada y estructurada para que puedas anticipar la fecha en que dejarás de fumar por completo. Se ha comprobado, en forma práctica, que los fumadores que utilizan la forma metódica de disminución, tienen mucho mayor éxito que los que dejan que ocurran las cosas sin ningún plan (Katz y otros).

Un modo de entender por qué la forma planeada es más eficiente, es el ejemplo de los cohetes autodirigidos. Éstos tienen un blanco al que deben llegar. Para eso, cuentan con servomecanismos que les indican cualquier desviación en la trayectoria programada. Con esa información, corrigen el rumbo, de manera automática.

Los individuos que se fijan un propósito, son capaces de reorientarse respecto a éste. En cuanto perciben que se han desviado, utilizan nuevas estrategias que los acercan a lo que quieren alcanzar. Por su parte, los que no se proponen metas, nunca saben si se alejan de ellas o no, ni eligen las estrategias adecuadas para mejorar.

Tu meta es disminuir gradualmente el consumo diario de cigarros; ahora te toca decidir cuántos cigarros vas a dejar de fumar diariamente, a partir del día de mañana. No hay una regla fija. El número que eliges depende del número de cigarros que fumas diariamente, el tiempo que llevas fumando, y la fuerza de los motivos que tienes para dejar de fumar.

Algunos eligen disminuir un cigarro cada dos días, mientras que otros prefieren eliminar un cigarro diario o uno cada tres días.

Un criterio para elegir tu meta diaria es el siguiente: que no se trate de una disminución tan fácil que no constituya ningún reto, y que prolongue demasiado, de modo inútil, un hábito destructivo. Por otra parte, que no sea una disminución tan lenta, poco realista y difícil que falles desde los primeros intentos, y por eso te desanimes.

Dedica algunos momentos para considerar tus circunstancias particulares, y luego determina la cantidad de cigarros que vas a disminuir cada día, o cada dos días. Anota a continuación la disminución que prefieres: _____

Anota también el promedio de cigarros que fumas diariamente, según los datos de tu registro de línea base: _____

De acuerdo con estos números, puedes calcular fácilmente en cuanto tiempo dejarás de fumar por completo. Por ejemplo, una persona que consume 35 cigarros diarios, y va a fumar un cigarro menos cada día, dejará de fumar por completo en el plazo de cinco semanas. Si la misma persona reduce su consumo por un cigarro cada día, tardaría 10 semanas para dejar de fumar por completo.

El registro de disminución gradual

Terminado el periodo de registro de línea base, empieza a llevar el registro de disminución gradual. Este registro es más sencillo que el anterior. Es muy importante que lo lleves diariamente, porque es la herramienta de autocontrol más poderosa para que dejes de fumar sin ningún problema de importancia.

Las formas de registro varían mucho, pero a continuación describiremos dos de las más usadas. La forma más sencilla consiste en introducir en la cajetilla de cigarros, entre el celofán y la cajetilla, una tarjeta o papel pequeño.

Allí marcas una rayita por cada cigarro que vas fumando, y al final del día sumas todas, para obtener el total de cigarros que has consumido. Debes hacer la rayita antes de encender el cigarro, o mientras lo está fumando, pero nunca después. Se ha comprobado que este modo de proceder es la manera más efectiva, para dejar de fumar (Chassé y Ladouceur).

Al final de cada día, traslada el número de cigarros fumados ese día a una gráfica (en una cartulina o una hoja de papel), y compara ese número con la meta diaria que te habías fijado, para ver si cumpliste con ella o no. Luego fijas la próxima meta, es decir el número máximo de cigarros que vas a fumar el día siguiente, y procedes así todos los días durante el tiempo que dura la disminución gradual.

Otra forma de registro, un poco más compleja, pero de mayor utilidad, se ilustra en la figura 8.1 A no ser que tengas una marcada preferencia por la forma más sencilla, te sugerimos que uses esta forma. Toma una hoja de papel, copias los encabezados, y trazas las rayas correspondientes. Pones como primer día el que corresponde a mañana. Tienes cuidado de señalarte la meta, es decir el número máximo de cigarros que te vas a permitir fumar ese día.

Día	Antes del desayuno	Después del desayuno	Por la mañana	Antes de la comida	Después de la comida	Por la tarde	Antes de cenar	Después de cenar	Total	Meta	¿Cumplió?
Lunes											
Martes											
Miércoles	7	4	6	2	5	6	3	6	39	39	Sí
Jueves	5	5	7	3	5	5	2	6	38	38	No
Viernes	5	5	5	2	4	5	2	6	34	37	Sí
Sábado										36	
Domingo										35	

Figura 8.1 Hoja para llevar el registro de disminución gradual en forma algo más cuidadosa.

La noche antes de iniciar la disminución gradual, colocas la hoja de registro en la cajetilla de cigarros. Al día siguiente, vas anotando una rayita por cada cigarro que fumas, si es posible antes de encenderlo. Al final del día sumas el total de los cigarros que fumaste, para ver si cumpliste el propósito que te habías propuesto. Escribe "sí", en caso de que lo hayas logrado y felicítate por ello. En caso contrario, anota "no". Renueva tus propósitos, y escribe el número que corresponde a la siguiente meta.

Continúa del mismo modo durante el tiempo en que vas disminuyendo gradualmente la cantidad de cigarros diarios que consumes hasta dejar de fumar por completo.

Por ejemplo, un joven que fuma cerca de 40 cigarros diarios se propone la meta de ir disminuyendo uno por día. Empieza el registro de disminución gradual un miércoles. Anotó como meta fumar solamente 39 cigarros. Ese día fuma 39, y anota "sí" en la última columna, puesto que cumplió con su propósito. Al día siguiente su nueva meta es 38, pero fuma 39. Anota "no". La meta para el viernes es 37, pero solamente fumó 35. Superó su meta, y anotó de nuevo "sí". La meta para el sábado es de fumar 36 cigarros. Y así sucesivamente.

Lleva también una gráfica semanal del número de cigarros que consumiste. Coloca esa gráfica en un lugar visible para que tengas una referencia clara de los progresos que vas obteniendo. Así podrás anticipar cuánto tiempo te falta para lograr la meta final de dejar los cigarros por completo.

La figura 8.2 ilustra el modo de llevar la gráfica semanal; vas anotando el promedio de los cigarros que consumiste cada semana.

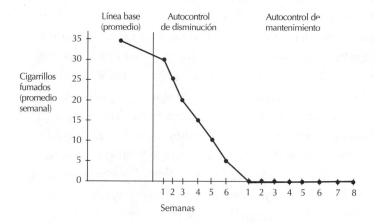

Figura 8.2 Ejemplo del modo de llevar el autocontrol de disminución a partir de la línea base. En este ejemplo, la persona dejó de fumar por completo en poco más de seis semanas. De todos modos, llevó el registro de mantenimiento (casi en ceros) durante otros dos meses.

Después de que dejes de fumar por completo, conviene que sigas llevando la cuenta diaria, que esperamos sea en ceros, salvo alguna ocasión en que fumes. Continúa también con las anotaciones de la gráfica. Esos dos meses son críticos, porque debes tener especial cuidado de no tener recaídas. Después de ese tiempo (periodo de mantenimiento), todos los efectos farmacológicos de la nicotina habrán desaparecido, por lo que ya no sentirás deseos de fumar.

Si ya no fumas, en el periodo de mantenimiento es muy importante que te hagas la promesa de que no vas a fumar ese día, y no lleves ningún cigarro contigo. Al día siguiente prométete lo mismo, y continúa así durante una semana. Al terminar la semana notan los resultados. Continúa del mismo modo durante dos meses. Si alguna vez fumas, no te desesperes por eso. Simplemente anotas eso en tu registro diario y renuevas tu intención firme de no fumar al día siguiente.

Durante el periodo de disminución gradual, y el de mantenimiento, también te conviene ensayar algunas técnicas de respiración y relajación del capítulo 10, para dar mejores salidas a tus tensiones y nerviosismo. También puedes leer el capítulo 9, para evitar algunos pensamientos obsesivos.

Es importante que continúes reflexionando sobre los motivos por los que te conviene dejar de fumar. Lee de cuando en cuando el capítulo cinco, para refrescar tus motivos personales para salir del tabaquismo.

Con fines de mera información, mencionamos aquí otro tipo de registro, que no es práctico para los fumadores a los que se dirige este libro. Kantorowitz y otros recomiendan llevar un registro de las veces que el fumador desea fumar y no lo hace. Le dan el nombre de deseos conquistados; este registro se puede convertir en una fuente de reforzamiento positivo cuando la persona se felicita (o se premia de algún otro modo) cada vez que logra controlar su deseo y no fuma un cigarro.

Al vencer paulatinamente los deseos de fumar, disminuye el número de cigarros diarios que consume. Por otra parte, debido a que reduce la nicotina, siente menos ganas. Finalmente, cuando puede resistir fácilmente las ganas, y casi no consume cigarros, deja de fumar por completo, sin grandes problemas.

Sin embargo, es más fácil y claro que lleves un registro diario de los cigarros que consumes, y vayas disminuyendo diariamente ese consumo, fijándote metas sucesivas. Desde luego que cuando fumas menos cigarros van disminuyendo tus ganas de fumar, por lo que te será más fácil alcanzar la meta de dejar de fumar por completo.

Técnicas para romper el automatismo

Si eres de las personas que tienen un cigarro encendido en la boca y ni siquiera te diste cuenta de cuando lo encendiste, o sueles tener dos cigarros encendidos a la vez (uno en la boca y otro en el cenicero) es muy recomendable que trates de convertir ese hábito automático en acciones concientes, para que las puedas ir controlando.

Una forma sencilla de hacer consciente el hábito de fumar es pedir a algunos de tus amigos o familiares (por ejemplo a tu pareja) que te avisen cuando vean que estás fumando un cigarro. En cuanto te avisen, lo apagas, y no vuelves a prender otro antes de una demora de diez minutos, por lo menos.

Otra estrategia consiste en observar atentamente las diferentes acciones que forman el hábito de fumar cigarros:

- Piensas que quieres fumar.
- Buscas un cigarro.
- Lo pones en la boca.
- Lo enciendes.
- Inhalas el humo.

Una vez que has detectado esta secuencia de acciones, puedes ir espaciando el tiempo que transcurre entre cada una de las etapas. Así:

1. Cuando piensas (te imaginas) que quieres un cigarro, pregúntate si realmente es necesario que lo fumes. Si cree que es necesario, trata de esperar unos minutos antes de encenderlo. La demora puede ser de dos a diez minutos. Mientras tanto, ocúpate en alguna actividad que te distraiga o relaje.

2. Nunca lleves contigo más cigarros de los que te está permitido fumar ese día, de acuerdo con la meta que te has fijado. También puedes poner los cigarros en un lugar alejado de la casa u oficina, para que te cueste algún trabajo llegar a ellos cada vez que deseas fumar uno. A las personas que fuman poco, les ayuda no llevar consigo cigarros; así tienen que pedir a los amigos fumadores los que pueden fumar.

3. Puedes mantener unos instantes (o un rato) el cigarro en la boca o en las manos antes de encenderlo.

4. Después que lo enciendes, procura dejarlo en el cenicero un rato, por lo menos a veces. Trata de ir espaciando cada fumada.

5. También puedes intentar no darle siempre el golpe, ni inhalar tan profundamente. Otro paso sería no fumarlo por completo, sino dejarlo a medias, y luego apagarlo.

Todas las actividades que hemos mencionado te ayudan a ejercer un control cada vez mayor sobre tu hábito.

Un ejercicio de control que les funciona a algunos consiste en encender deliberadamente un cigarro. Luego se dicen: "¡No!, no voy a fumar" y se da razones para no hacerlo. Lo importante es que estén bien convencidos de eso. Luego apagan y tiran el cigarro, sin haberlo fumado nunca. Este mismo ejercicio se puede hacer delante de un grupo de personas que están igualmente interesadas en dejar de fumar.

Si aprendes a manejar los periodos de demora y vas disminuyendo gradualmente el número de cigarros que fumas, terminarás por dejar de fumar y habrás conquistado el hábito del tabaquismo.

Capítulo 9

Autocontrol de pensamientos
y fantasías para dejar de fumar

Como sabemos, hay sólida evidencia científica que demuestra que fumar causa –a nivel mundial– millones de muertes que pudieran haberse evitado. En nuestro país, es uno de los problemas más graves y costosos de salud pública.

Muchas personas fuman de manera excesiva, con grave peligro de su salud. Entre sus falsas razones para hacerlo, se repiten que carecen de suficiente fuerza de voluntad para dejar los cigarros. Aunque se culpan y avergüenzan por ese hábito indeseable, cuando están ansiosos, fuman más. Otros suponen que sin tabaco no se podrían concentrar lo suficiente para poder trabajar.

Una alternativa para eliminar estos callejones sin salida es el uso dirigido del pensamiento y de la imaginación para dejar de fumar.

En lenguaje técnico, se trata de enseñar a los fumadores a controlar sus respuestas encubiertas. En psicología se engloba con el nombre de respuestas encubiertas a los eventos que ocurren en el interior de las personas: los pensamientos, fantasías, reflexiones, cavilaciones, ensueños y hasta las instrucciones que se dan para calmarse y relajarse (Cautela).

Muchos problemas de vivir en las ciudades, incluyendo el hábito de fumar cigarros, se deben –sin duda alguna– a que no ejercemos el debido control sobre los eventos internos que acontecen en nuestro cerebro.

A nivel subliminal, casi sin darnos cuenta, dejamos que los pensamientos destructivos y las fantasías derrotistas guíen nuestras acciones. Los que no controlan la dirección de los pensamientos y fantasías, luego se quejan de que no tienen fuerza de voluntad, y de que no pueden eliminar sus hábitos indeseables, como el del tabaquismo.

En contraste con esas actitudes fatalistas y derrotistas, en este capítulo proponemos el control deliberado de los pensamientos y las fantasías con el propósito de eliminar el hábito de fumar cigarros.

Técnicas para controlar el pensamiento

Nuestros pensamientos juegan un papel muy importante en cualquier proceso de cambio, por la relación directa entre el modo de pensar y la manera de actuar. A la inversa, las acciones también cambian el rumbo de nuestros pensamientos. Según esto, conviene eliminar ciertos pensamientos distorsionados para eliminar el hábito de fumar.

Los pensamientos son las frases internas y los diálogos que fabricamos; necesitamos aprender a platicar con nosotros mismos de maneras útiles y constructivas. No nos conviene dejar correr por nuestra cabeza, sin ningún control, la palabrería interna que nos daña.

Muchos fumadores fabrican una serie de frases derrotistas –poco lógicas– que los mantienen desmoralizados; movidos por estos diálogos internos, llegan a creer que no pueden dejar los cigarros, y continúan fumando. Nunca toman la firme decisión de dejarlos: los que anticipan las derrotas son fácilmente vencidos.

Las frases que te repites, como parte de tu estilo de fumar, pueden contribuir a que mantengas el hábito del tabaquismo toda la vida. Sin embargo, hay otras maneras de pensar (otras frases más lógicas y científicas) que te pueden ayudar a dejar de fumar del mejor modo posible.

Los psicólogos aplican las técnicas del control de los pensamientos para solucionar numerosos síntomas y problemas emocionales, como la depresión (Ellis y Harper, Beck, Beck y otros). Nosotros opinamos que estas técnicas también pueden ser de gran utilidad para eliminar el tabaquismo (Navarro).

Algunos pensamientos distorsionados –poco lógicos– contribuyen a mantener la costumbre de fumar. Es bueno que conozcas su falsedad y destructividad para que los evites. Sus principales estilos son:

- Creencias falsas
- Inferencias infundadas
- Sobregeneralización
- Negación

A continuación damos ejemplos del modo como los fumadores utilizan estas formas, sin darse cuenta de ello.

a. Creencias falsas. Las creencias falsas son frases –diálogos internos– que algunos se repiten, aunque son irracionales y no hay datos científicos válidos que las apoyen. Por ejemplo, los fumadores que se repiten: "No puedo vivir sin fumar", "No puedo trabajar o estudiar sin el tabaco" o "Los cigarros me hacen atractivo y me dan seguridad".

b. Inferencias infundadas. A partir de una afirmación poco realista, basada en datos parciales, se sacan consecuencias falsas y atemorizantes. Hay fumadores que interpretan sus sensaciones de malestar como terribles catástrofes. Por ejemplo, los que dejan los cigarros de golpe, sienten los síntomas de abstinencia a la nicotina, y se repiten: "Me siento tan mal y estoy tan grave, que me va a pasar algo terrible si no fumo", "No voy a poder controlar mis nervios si sigo un momento (o un día más) sin fumar", "Mejor me enfermo que dejar los cigarros".

c. Sobregeneralización. Consiste en pensar que porque algo ocurrió una vez, va a ocurrir siempre (de modo inevitable). Algunos fumadores han dejado los cigarros y llevaban varios días sin fumar, pero tienen una recaída, y se dicen: "Como fumé de nuevo, ya no voy a poder dejar de fumar nunca" o "Eso prueba que no tengo fuerza de voluntad, y que no puedo dejar los cigarros nunca". Otro ejemplo son quienes se sienten mal un momento, por los síntomas de abstinencia, y piensan: "Me voy a sentir mal y voy a ser infeliz toda la vida si no tengo un cigarro en la boca".

d. Negación. Negando la realidad, algunos fumadores se repiten las siguientes afirmaciones falsas: "el tabaco no hace mal a nadie", "es falso que los cigarros afecten la salud" y "a mí no me va a pasar nada, aunque fume mucho". Intentan cegarse (engañarse) frente a realidades que son evidentes, aunque pueden ser amargas y poco gratas para ellos, como si trataran de tapar el sol con un dedo.

Las formas negativas y distorsionadas del pensamiento producen sentimientos de miedo, enojo y culpa que alteran la calma y aumentan el nerviosismo. Ya hemos insistido en que muchos fumadores intentan aliviar su nerviosismo mediante los cigarros.

Para dejar de fumar necesitas cambiar los diálogos falsos y destructivos por otros que sean positivos y realistas. Esto se puede hacer de varias maneras (Meichembaum, Beck y otros). Lo principal es que aprendas a matizar tus afirmaciones (tus juicios), para que dejes de pensar en los términos tan extremistas de "blanco" o "negro".

Te conviene evitar juicios radicales, moralistas y agresivos en contra de ti mismo; no viene al caso que te repitas: "Soy una persona viciosa, irresponsable, débil, inútil, sin voluntad", entre otros.

También puedes utilizar las siguientes estrategias:

a. Puedes enfrentarte a tus creencias falsas: primero las cuestionas y las eliminas, y luego las cambias por otras, más racionales y sanas. Por ejemplo, si dejaste de fumar, y te cuesta trabajo seguir así en los primeros días, en lugar de decirte: "Es algo horrible, no voy a poder con esto", te puedes decir: "Me siento algo molesto e irritable, pero puedo soportarlo si me distraigo"; "Las molestias que siento duran unos cuantos días o semanas, y luego desaparecen"; "En pocos días me voy a sentir mejor que nunca".

b. Necesitas interpretar de manera racional tus sentimientos desagradables. Si dejaste de fumar y te sientes mal a ratos, te puedes decir: "Me siento algo mal (molesto, irritable) como efecto natural de la falta de nicotina, pero esto se me va a pasar"; "No me va a suceder nada grave"; "Así se han sentido las personas que dejaron de fumar, pero pudieron hacerlo, yo también puedo"; "Con un poco de tiempo se me van a pasar estas sensaciones y acabaré por no sentirlas".

c. No conviene exagerar alguna recaída. En caso de que lleves unos días sin fumar, y enciendas un cigarro (o no alcances alguna de tus metas en el registro de disminución gradual), no tomes eso como un pretexto para desanimarte y darte por vencido. Puedes decirte: "Esta falla es algo natural, y no me debo dar por vencido por eso", "Voy a hacer un nuevo intento, echándole más ganas"; "He logrado mis metas otras veces, y puedo seguir luchando con esperanza de éxito", etcétera.

d. Te conviene pensar en los motivos negativos que tienes para dejar de fumar, como las graves enfermedades causadas por el humo de los cigarros. Reflexiona acerca de los graves riesgos a la salud, científicamente comprobados, que corren las personas que fuman demasiado.

Si ya dejaste de fumar, tampoco conviene que se engañes diciéndote que solamente te vas a fumar ese cigarro. Cualquier buen fumador sabe que cuando regresa a fumarse uno, es fácil que luego se fume otro y otro, hasta que de nuevo fume una cajetilla diaria o más.

Existen otros pensamientos, más sanos y optimistas, que sirven para aumentar nuestro autocontrol. Es muy útil robustecer la convicción de que eres el arquitecto de tu propio destino; si te empeñas en controlar el tabaquismo, obtendrás resultados seguros. Cuando acrecientes tus sentimientos de confianza en tu propia capacidad y en tu propia eficiencia, te podrás mover con mayor facilidad hacia metas positivas (Bandura, Navarro).

Sentirás que aumenta tu capacidad para dominar el hábito del tabaquismo al ver los logros diarios que obtienes en la disminución gradual del número de cigarros que fumas. Por otra parte, si dejaste de fumar de golpe, nada te animará tanto como comprobar que llevas cada vez más días sin fumar, según consta en los registros que llevas.

Sigue tratando de persuadirte de que puedes obtener la meta final de dejar los cigarros por completo. Para esto, continúa reflexionando diariamente acerca de tus motivos personales para dejar de fumar.

Conviene que las personas que desean dejar de fumar se den instrucciones concretas para lograr eso con mayor facilidad. En resumen:

- Anticipa y haz planes para lidiar con las situaciones en las que acostumbrabas fumar; también procura evitarlas por algún tiempo.
- Anímate y felicítate porque ya no fumas, o porque dejaste de fumar un cigarro más. Necesitas apreciar tus avances y tus logros. No te desanimes por tus pequeños fracasos.
- Procura evitar las cavilaciones inútiles y los pensamientos derrotistas y atemorizantes.
- Conviene que te des cuenta de tus limitaciones para que puedas equilibrarlas; por ejemplo, si te cuesta trabajo cumplir con el registro, necesitas hacer un esfuerzo especial para llevarlo con esmero y constancia. Puedes echarle más ganas.

Técnicas para controlar la imaginación

En general, las técnicas de control de la imaginación fabrican y refuerzan ciertas fantasías que son incompatibles con seguir fumando cigarros, que es la conducta que se quiere eliminar. En breves palabras, no es fácil seguir fumando cuando se tienen en la cabeza imágenes muy claras acerca de los daños que causan los cigarros.

Es cierto que cada persona es libre de imaginarse cualquier cosa que le venga a la cabeza. Sin embargo, los que dejan correr sus fantasías sin darles rumbo práctico, no hacen nada que valga la pena. Como dice Chava Flores: "¿A qué le tiras cuando sueñas, mexicano". A esas personas, las arrastran sus fantasías mágicas e ingenuas.

Por otra parte, los fumadores que se imaginan con viveza los terribles síntomas del cáncer pulmonar, la muerte prematura y los trastornos cardiacos, encontrarán absurdo, contradictorio e inútil seguir encendiendo cigarros de modo impensado y automático.

A las personas que fuman demasiado se les dificulta seguir haciéndolo después de haber visto un programa de televisión o haber leído unas páginas bien escritas acerca de los daños y enfermedades que acarrea el tabaquismo. Algunas de ellas dejan de fumar, movidas por esas imágenes tan realistas.

Una buena técnica para ayudarte a dejar de fumar es hacer una lista de los eventos (los riesgos) que para ti son negativos y atemorizantes en relación con el hábito de fumar.

Algunos de ellos pueden ser los riesgos a la salud que hemos mencionado. Otros serían las enfermedades que padeces (o has padecido) a causa de fumar demasiado, o el hecho de que conozcas personas cercanas que tienen (o tuvieron) cáncer, enfisema, ataques al corazón o derrames cerebrales a causa del tabaquismo.

Como sugiere Homme hay eventos que parecen de poca importancia para los demás, pero son importantes para ti. Así, a algunos les molesta tener mal aliento, que sus dientes estén manchados y amarillentos, su piel con poca vida, sus dedos sucios, regar cenizas por todos lados, dar mal ejemplo, el riesgo de dejar a sus hijos sin sostén, lo tonto e inútil de ese hábito, entre otros.

Lo importante es hacer una lista de algunas consecuencias negativas importantes que a ti te puedan motivar. A continuación están unos espacios para que anotes brevemente cinco o seis eventos que para ti sean muy incompatibles con seguir fumando. También necesitas conseguir un pequeño contador manual, de los que avanzan un número cada vez.

1. _____

2. _____

3. _____

4. _____

5. _____

6. _____

El autocontrol de fantasías consiste en que visualices deliberadamente, durante algunos segundos en el día, los eventos de tu lista. Las veces que recuerdes alguno de los eventos que te dificultan seguir fumando, oprimes el botón del contador. Así podrás llevar la cuenta diaria de las veces que controlas tu imaginación. También puedes elaborar una gráfica diaria en la que anotas por la noche el total de cada día.

Puedes utilizar esta técnica junto con el registro de disminución gradual de cigarros. Notarás que en unos cuantos días aumenta la frecuencia de imaginarte los eventos de la lista. Por su parte, la frecuencia diaria de consumir cigarros disminuye, debido a que se robustecen las imágenes que dificultan fumar. En pocas palabras, las ganas de fumar disminuyen si uno recuerda el daño que se puede uno causar, y que puede causar a otras personas, con ese hábito.

De acuerdo con nuestra experiencia, las personas que utilizan el método de las fantasías negativas con el apoyo de un contador manual reportan que van perdiendo las ganas de fumar. Algunos llegan a comentar que no necesitaron fuerza de voluntad para dejar los cigarros y que eso no les costó, en realidad, demasiado trabajo. En algunos, los deseos de fumar desaparecieron de manera súbita.

Si utilizas el procedimiento que hemos mencionado, podrás comprobar que la conducta de fumar, que antes te parecía automática e inevitable, va quedando bajo el control de tus fantasías y pensamientos deliberados y racionales.

Para que el procedimiento mencionado sea más eficaz, necesitas tener en cuenta dos condiciones (Homme):

1. Necesitas elaborar una lista suficientemente amplia de respuestas encubiertas en contra de fumar; cuando menos cinco eventos. Aprende de memoria esa lista. Es conveniente que utilices un evento distinto cada vez que refuerzas, con el contador manual, la fantasía que va en contra de fumar.

Si utilizaras solamente un evento (motivo) para dejar de fumar, te aburrirías y terminaría por perder su fuerza. Además, la fuerza combinada de una serie de motivos es mayor que la de un solo motivo.

2. Además de utilizar motivos negativos para dejar de fumar, conviene utilizar, a continuación, otras imágenes que ilustran las ventajas que obtienen los que ya no fuman. Por ejemplo, te puedes decir: los que ya no fuman gozan de mejor salud, y puedes imaginar que tus pulmones están más limpios; que la sangre que circula por tu cuerpo y llega a tu cerebro contiene más oxígeno y vida, etcétera.

Los pensamientos e imágenes que hemos mencionado, y que estás reforzando para que ocurran con mayor frecuencia, se te van a presentar (tarde o temprano) cuando estés a punto de encender un cigarro. Es mejor, entonces, que esperes unos cuantos minutos antes de encenderlo.

Hay miles de cosas que puedes hacer entonces, como mirar alrededor, leer un poco, seguir trabajando, caminar unos minutos, etcétera. Lo anterior es de suma importancia, porque entonces el acto de encender un cigarro ya no será algo automático, sino que irá quedando sujeto a tu control deliberado. Puedes ir ampliando las demoras antes de fumar, hasta que dejes de fumar por completo y tires la cajetilla de cigarros.

Otras técnicas de manejo de la fantasía para dejar de fumar dedican más tiempo para visualizar, del modo más claro posible, algunas escenas desagradables que se relacionan con fumar cigarros. Así, Singer y Switzer proponen las siguientes imágenes negativas para los fumadores crónicos:

a. Imagínate que el humo de los cigarros penetra hasta el fondo de tus pulmones y los va corroyendo hasta convertirlos en una masa de carne sanguinolenta, pus negra y células muertas. Luego aparecen las células cancerosas. De verdad esto es lo que te puede suceder si continúas fumando cerca de tres cajetillas diarias.

b. Mira el cigarro que vas a fumar e imagínate que es un palo inmundo y sucio que acabas de recoger de la calle. El palo está cubierto de gusanos y fango. Tratas de meterlo a tu boca y sientes deseos de vomitar.

c. Imagínate que estás en un cuarto con poca ventilación, lleno de nubes espesas del humo caliente y venenoso de los cigarros. Apenas puedes respirar. Tratas de abrir una ventana, pero está atorada.

Intentas abrir la puerta, pero está cerrada con llave y tampoco puedes. Tienes que quedarte en ese cuarto, y sigues respirando esos vapores envenenados, hasta que empiezas a perder el conocimiento.

De modo parecido, Tongas elaboró un manual, dirigido a psicólogos y otros profesionales de la salud, en el que presenta algunas técnicas para el condicionamiento de respuestas encubiertas con el fin de obtener un control efectivo del hábito de fumar.

Como primer paso, cuando ha reunido un grupo de personas que desean dejar de fumar, les explica que uno de los métodos más efectivos para hacerlo consiste en usar activamente la imaginación con el fin de visualizar sucesos y situaciones desagradables, que luego se asocian y condicionan a la conducta de fumar.

Una vez que están relajados, los entrena para que se imaginen, de la manera más clara y vívida posible, tres escenas: una escena de castigo, en la que el fumador siente náuseas e intensas ganas de vomitar al tratar de fumar, mientras sostiene el cigarro en su mano, sin llegar a encenderlo. Otra, de escape, en la tira el cigarro y empieza a sentirse mejor, mientras que se da cuenta de que no tiene ninguna necesidad de fumar ese cigarro que le enferma.

Finalmente se imagina una escena de reforzamiento positivo por no fumar. Se sugiere a las personas del grupo que imaginen que están muy tranquilos y felices porque ya se han librado de su hábito, no sienten ganas de fumar y se sienten mucho mejor.

Después de un ensayo en grupo de estas escenas, se pide a las personas, como tarea, que revivan en su imaginación las tres situaciones mencionadas, al menos 15 veces al día.

Como resultado de este condicionamiento, la conducta de fumar disminuye, y más adelante se logra eliminar completamente.

En el siguiente capítulo proponemos ejercicios de fantasía dirigida para ayudar en el proceso de relajación.

Capítulo 10

Autocontrol de tensiones

Como explicamos, 30% de los fumadores intentan calmar su nerviosismo, otro 10% busca avivarse y 15% más intenta relajarse. Muchas personas nos dicen que dejarían de fumar si no estuvieran tan tensas y nerviosas. El estrés, la tensión y el nerviosismo son muy frecuentes en las ciudades consumistas, tan agresivas, competitivas y aglomeradas.

Para tales fumadores, sus estados de nerviosismo, soledad, aburrimiento y cansancio se convierten en señales de que necesitan un cigarro. Aunque el tabaco proporciona un alivio momentáneo a esas sensaciones, también absorben monóxido de carbono que les roba el oxígeno, y por eso se sienten ahogados; entonces fuman de nuevo para aliviar su angustia, etcétera. Al fin de cuentas, no reciben el oxígeno que necesitan, ni disfrutan las sensaciones de bienestar que acompañan la respiración profunda.

El cigarro substituye, de manera engañosa, la necesidad de inhalar profundamente para dar al organismo el oxígeno que tanto necesita. El fumador se siente bien por un momento, y luego se siente peor, por lo que fuma otra y otra vez. Los fumadores absorben nicotina y otras muchas sustancias tóxicas y adictivas en lugar del oxígeno que todas las células de su organismo necesitan para seguir vivas.

Por eso, el sistema nervioso simpático eleva el nivel de adrenalina; el corazón se acelera y la presión arterial aumenta. El corazón bombea gran cantidad de sangre *poco oxigenada* a todo el organismo; con estas medidas de emergencia, intenta repartir la misma cantidad de oxígeno que la persona disfrutaría, con facilidad, si respirara de manera calmada y profunda.

La presión arterial elevada, junto con el exceso de trabajo del corazón y la reducida cantidad de oxígeno que circula por todo el cuerpo (incluyendo al cerebro y al corazón) aumentan, de manera muy notable, el riesgo de padecer enfermedades graves.

Por fortuna, en cualquier momento podemos elevar nuestro nivel energético captando más oxígeno (Heller y Henkin). La respiración profunda agudiza nuestras funciones cognitivas y perceptivas; también favorece la buena atención, la concentración y la creatividad

El ejercicio y el deporte, junto con técnicas de respiración y de relajación son óptimas salidas para el nerviosismo y las preocupaciones. Las personas que dejan de fumar, y las utilizan, experimentan mayor tranquilidad y felicidad interna que las que siguen dañándose los pulmones con el humo de los cigarros.

A continuación te ofrecemos algunos ejercicios respiratorios, y en la segunda parte de este capítulo presentaremos una técnica de relajación.

Ejercicios de respiración

Se realizan sobre el piso, en un lugar suficientemente ventilado, o al aire libre. Conviene usar ropa cómoda y holgada; se puede repetir cada uno al menos tres veces; puedes hacer esto varias veces al día como más te convenga.

Ejercicio 1. Acuéstate boca arriba y coloca una mano sobre el abdomen y otra sobre el pecho. Inhala el aire por la nariz hasta inflar el abdomen. Procura que la mano que se encuentra sobre el pecho permanezca inmóvil. Luego, exhala el aire por la boca, soplando lentamente. Repite este ejercicio, como todos los que siguen, de cinco a diez veces. Vea la figura 10.1.

Figura 10.1 Respiración cómoda: la persona se acuesta boca arriba.

Ejercicio 2. *a*) En la misma posición, dobla las rodillas y apoya las plantas de los pies en el suelo. Extiende los brazos a lo largo del cuerpo.

Toma aire por la nariz hasta que infle el abdomen. *b)* Al tiempo que inhalas, eleva los brazos por encima de la cara *c)* y luego estíralos por el piso. Retén el aire por seis segundos. *d)* Luego exhala, soplando por la boca, mientras diriges los brazos a los lados del cuerpo hasta llegar a la posición inicial. Figura 10.2.

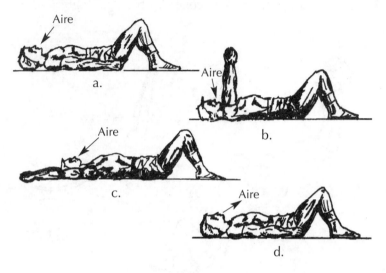

Figura 10.2 Ejercicio de respiración. La persona levanta sus brazos, y los estira cuando inhala; al exhalar, los coloca a los lados del cuerpo.

Ejercicio 3. En la misma posición, extiende los brazos y las piernas. Toma aire por la nariz hasta inflar el abdomen. Mientras inhalas, estira bien tus brazos. Conserva el aire dentro de los pulmones por unos segundos, y luego exhala, soplando lentamente por la boca y aflojando todo el cuerpo. Figura 10.3.

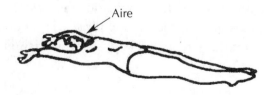

Figura 10.3 Ejercicio de respiración, mientras la persona se relaja.

Ejercicio 4. *a*) Siéntate en el suelo con las piernas extendidas y los brazos a los lados del cuerpo. *b*) Inhala el aire por la nariz al mismo tiempo que elevas los brazos. Mantén el aire en los pulmones por seis segundos. *c*) Luego échalo fuera por la boca, al mismo tiempo que te inclina hacia delante, bajas los brazos y encoges las piernas. Figura 10.4.

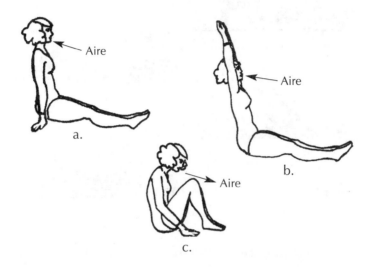

Figura 10.4 Ejercicio de respiración. La persona se sienta en el suelo, con las piernas estiradas. Levanta los brazos mientras inhala, y luego los baja y encoge las piernas cuando exhala.

Ejercicio 5. *a*) Acuéstate boca arriba en el piso, con los brazos a los lados y las piernas estiradas. *b*) Inhala, dobla las piernas y sube los brazos por encima de la cabeza. Mantén la respiración unos cinco segundos. *c*) Luego exhala, baja los brazos, y levanta el tórax y la cabeza. Saca lentamente el aire por la boca, y regresa a la posición inicial. Figura 10.5.

a.

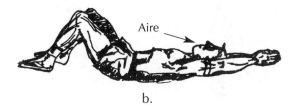

Aire

b.

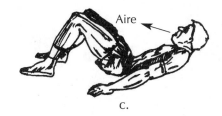

Aire

c.

Figura 10.5 La persona estira los brazos y encoge las piernas
cuando inhala, y luego baja los brazos y levanta la cabeza mientras exhala.

Ejercicio 6. *a*) Ponte de pie, con los pies algo separados y los brazos a los lados del cuerpo. *b*) Inhala profundamente el aire por la nariz, mientras que levantas tus brazos por encima de la cabeza. Mantén tus pulmones llenos de aire unos instantes. *c*) Luego exhala lentamente el aire por la boca, mientras que te inclinas, giras el cuerpo de derecha a izquierda, y haces un círculo con los brazos. *d*) Al terminar, regresas a la posición inicial. A continuación haces el círculo girando los brazos de derecha a izquierda, etcétera. Figura 10.6.

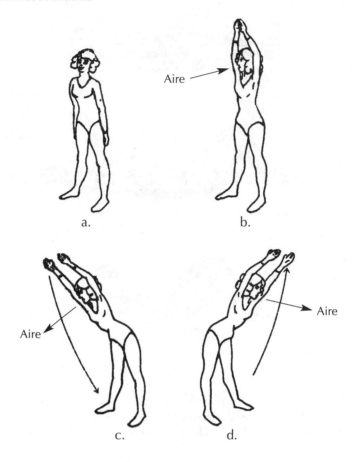

Figura 10.6 La persona está de pie, y levanta los brazos mientras inhala.
Luego traza un círculo, con los brazos (de derecha a izquierda), cuando exhala.
A continuación, repite el ejercicio, girando los brazos de izquierda a derecha.

Ejercicio 7. También de respiración profunda, éste es sencillo y muy tranquilizante. Como preparación preliminar, siéntate en una silla cómoda o en el piso. Dobla las piernas y apoya los pies en el piso, conviene que te quites los zapatos, uses ropa cómoda y holgada. Procura mantener la cabeza y el cuello lo más rectos posible. Echa los hombres hacia atrás y descansa tus manos en las rodillas.

Inhala lentamente el aire por la nariz, mientras que cuentas del uno al seis. Luego retienes el aire en los pulmones durante cinco segundos. Finalmente, exhalas el aire lentamente por la nariz, contando del uno al seis.

Luego respiras de nuevo, y repites el ejercicio varias veces (cinco o más). Puedes ensayar este tipo de respiración algunas veces al día para eliminar el nerviosismo. Este tipo de respiración es muy útil como distracción para disminuir las ganas de fumar. Sus efectos tranquilizantes se deben a que la proporción de oxígeno es distinta a la que se recibe en la respiración habitual.

Cuando utilices alguna técnica de respiración, te puedes repetir que vas a descansar, y que te sentirás muy tranquilo.

Técnica de relajación

Las técnicas de relajación sirven para eliminar tensiones de manera directa. Existen numerosas técnicas de relajación (Wolpe, Bernstein y Berkovec, Jacobson, etcétera). Aquí presentamos una técnica sencilla que permitir la relajación en pocos minutos.

Empieza por aflojar la ropa que tengas apretada, quítate los zapatos y encuentra una postura cómoda. Puedes acostarte en la alfombra o sentarte en una silla o sillón. Vas a identificar la tensión en los músculos del cuerpo, y luego te enseñaremos a sentir lo opuesto, que es la relajación muscular profunda. Puedes grabar estas instrucciones para oírlas mientras practicas la relajación, o puedes pedir a alguien que te las lea con toda calma.

A algunos se les dificulta relajarse con los ojos cerrados; pueden hacer los ejercicios con los ojos abiertos. Conviene que las personas que utilizan lentes de contacto se los quiten, si es que van a estar con los ojos cerrados, para evitar molestias.

Empieza a respirar lenta y profundamente, expandiendo el tórax para introducir el aire. Permite la mayor entrada de aire, hasta que tus pulmones estén completamente llenos. Mantén la respiración por cuatro o cinco segundos. Luego exhala lentamente, permitiendo que la caja torácica se relaje, igual que el estómago. Procura vaciar completamente los pulmones.

Continúa con esta respiración profunda y lenta, de modo rítmico, durante toda la sesión de relajación. No hagas ningún esfuerzo indebido. Con un poco de práctica podrás aprender a respirar con mayor profundidad y te sentirás mejor. Cuando ya estés respirando de manera tranquila y rítmica, empieza la siguiente secuencia de relajación:

Dobla con fuerza los dedos de los pies y empuje los pies hacia abajo con fuerza. Tensa estos músculos mientras inhalas el aire. Luego detén la respiración por 10 segundos mientras mantienes tensos los pies. Al final de esa pausa, relaja los pies y deja salir el aire de los pulmones al mismo tiempo. Sigue respirando.

Ahora aprieta los talones de los pies contra el piso y dobla los pies hacia la cara. Tensa los pies mientras inhalas el aire. Mantén la respiración y la tensión de esos músculos 10 segundos. Luego relájalos mientras echas fuera el aire de los pulmones. Sigue respirando.

Ahora tensa los músculos de las pantorrillas mientras inhalas el aire. Sostén la respiración y la tensión durante 10 segundos. Luego relájate al exhalar el aire. Sigue respirando.

Ahora tensa los muslos, estira las rodillas y haz que tus piernas queden tiesas. Ténsalas mientras que inhalas el aire. Mantente sin respirar 10 segundos. Luego echa fuera el aire mientras que te relajas. Sigue respirando.

Ahora tensa los glúteos con fuerza. Apriétalos al inhalar el aire. Mantén la tensión 10 segundos. Luego echa fuera el aire mientras que te relajas. Sigue respirando.

Ahora tensa el estómago como si estuvieras esperando un golpe. Apriétalo mientras inhalas. Mantén la tensión 10 segundos. Luego echa el aire mientras que te relajas. Sigue respirando.

Ahora aprieta los puños, dobla los brazos y contrae los músculos de los brazos. Hazlo mientras inhalas el aire. Mantén la tensión 10 segundos. Luego relájate mientras echas fuera el aire. Sigue respirando.

Ahora encoge los hombros y echa la cabeza hacia atrás contra el piso o el respaldo del sillón. Tensa esos músculos mientras inhalas el aire. Mantén la tensión 10 segundos. Luego relájate mientras echas fuera el aire.

Ahora aprieta la mandíbula, arruga la frente y cierra los párpados de los ojos con fuerza. Tensa esos músculos mientras que inhalas. Mantén la tensión 10 segundos. Luego relájate mientras echas fuera el aire. Sigue respirando.

Ahora tensa todos los músculos de tu cuerpo. Ténsate completamente mientras que inhalas el aire. Mantén la tensión por 10 segundos. Luego relájate mientras echas fuera el aire.

Para terminar, concéntrate de nuevo en tu respiración, respira lenta y tranquilamente mientras disfrutas por unos instantes las gratas sensaciones de estar profundamente relajado.

La verdad es que la mayoría de las sensaciones que acompañan a la relajación muscular profunda son muy placenteras, una vez que uno se acostumbra a ellas. Contribuyen a que la cabeza quede libre de preocupaciones y a que uno pueda estar más alegre y sereno durante el día

Para renovar las sensaciones gratas de la relajación, puedes visualizar una rosa blanca sobre un fondo negro en las situaciones en que te sientas algo tenso(a). También es conveniente que repitas el ejercicio de relajación habitualmente (una o dos veces por semana) para eliminar las tensiones ordinarias de la vida diaria.

Existen algunas técnicas de imaginación dirigida que pueden ayudar a la relajación. A continuación proponemos uno de esos ejercicios (adaptado de May y otros).

Como preparación, siéntate cómodamente en un sillón, y relájate unos minutos. Si prefieres, puedes acostarte boca arriba en el suelo. Luego, imagínate, con los ojos cerrados, que te encuentras en un cuarto con cuatro puertas, una en cada pared. Camina (en tu imaginación) hacia una de las puertas.

Ábrela, enciende la luz y entra a ese cuarto. Imagínate que en ese cuarto están todos tus problemas de salud física y los malestares que tengas. Dedica algunos instantes a darte cuenta de ellos, reconócelos y examínalos. A continuación, despídete de ellos, apaga la luz, sal de ese cuarto y cierra la puerta

Continúa relajado como antes. Dirígete con la imaginación, a la siguiente puerta. Ábrela, prende la luz, y entra a ese cuarto. Allí están todos tus problemas emocionales: sentimientos de soledad, frustración, rencor, culpa, desilusión, etcétera. Considera detenidamente tus problemas emocionales. Reconoce su existencia mientras continúas relajándote. Luego despídete de todos ellos, diles adiós, apaga la luz, sal y cierra la puerta.

Haz una pausa, mientras continúas relajándote. Camina hacia la otra puerta. Ábrela y enciende la luz. En ese cuarto puedes ver todas sus preocupaciones y cavilaciones. Allí están todos los pensamientos que repasas una y otra vez, y que te dan problemas. Reconócelos uno por uno y acéptalos. Luego di adiós a tus problemas y cavilaciones. Apaga la luz. Sal y cierra la puerta.

Continúa relajándote y haz una pausa. Luego camina hasta la última puerta. Abre esa puerta y enciende la luz. Contempla allí todos los recuerdos dolorosos que te causan dolor y pena; los necesitas aliviar. Relájate mientras que te das cuenta de esos recuerdos y los reconoces. Cuando termines, diles adiós. Apaga la luz, sal de ese cuarto y cierra la puerta. Deja de pensar en los recuerdos que te causan dolor y siéntete aliviado. Continua relajándote por unos instantes más, abre los ojos y termina el ejercicio.

Las personas muy tensas temen perder el control, pero en realidad no les pasa nada: se sienten mejor después de relajarse. Respirar bien y relajarse son habilidades que muchos adultos necesitan aprender de nuevo, como si fueran niños que aprenden a flotar en el agua y nadar.

La actitud general al practicar los ejercicios es soltarse, dejarse ir y gozar las sensaciones que emergen. Conviene advertir que algunas personas sienten hormigueos en las manos, ligeros temblores, o que están flotando en el aire. Todas estas sensaciones son normales, indican que los músculos tensos se están aflojando.

Cuando alguien ya no fuma, los alimentos le saben mejor. Recupera el olfato y el gusto. Por eso, algunos ex fumadores tienden a comer un poco más que antes. Esa tendencia se puede controlar fácilmente. Un buen consejo es que se dediquen, de modo deliberado, a saborear los alimentos. Además, que tengan cuidado de no tragarlos, sino que los mastiquen con cuidado. Así evitarán comer más de la cuenta.

Además, sin los cigarros, cada célula del cuerpo cuenta con más oxígeno. El cerebro y los músculos cuentan con mayor energía y vitalidad. Conviene canalizar las energías renovadas a través de algún deporte o ejercicio físico. Las clases de gimnasia, karate, *tai-chi*, etcétera, que se ofrecen en muchos lugares son un medio excelente para canalizar estas energías disponibles. Otros medios son la natación, correr, caminar, la danza moderna y la meditación.

Capítulo 11

Autocontrol para superar las reincidencias

¿Cuáles son los principales motivos psicológicos y las circunstancias por las que algunas personas retoman el hábito de fumar después que lo habían dejado por un periodo más o menos largo?

Lo que más estorba son las actitudes fatalistas y derrotistas que tienen algunos fumadores. Incluso antes de hacer un buen intento por dejar de fumar, se sienten derrotados y anticipan el fracaso; estas tristes expectativas limitan los beneficios de cualquier método de autocontrol que ellos pudieran ensayar.

Blittmer y otros realizaron una investigación para aumentar las expectativas de éxito en algunos fumadores que deseaban dejar ese hábito. Reunieron tres grupos; a las personas del primero, les dijeron que tenían la motivación y la fuerza de voluntad que se requiere para que pudieran dejar de fumar sin problema.

A lo largo de dos semanas, a estas personas les repitieron que tenían la capacidad necesaria para controlar su tabaquismo. Además, les enseñaron a llevar un registro diario del número de cigarros que fumaban, con la meta de irlos disminuyendo, durante el periodo de dos meses. Los investigadores animaban a los que tenían algún problema y los motivaban para que pusieran más empeño, puesto que podían eliminar su hábito con relativa facilidad.

El segundo grupo sólo recibió instrucciones de llevar un cuidadoso registro del número de cigarros que fumaban, durante el mismo periodo de dos meses. Uno de los psicólogos veía los resultados cada semana y felicitaba a cada uno de ellos por el éxito que iba logrando –gracias al registro diario– al reducir gradualmente el número de cigarros.

El tercer grupo no recibió ningún tratamiento. A estas personas les pidieron que registraran el número diario de cigarros que fumaban, durante el mismo periodo de dos meses, sin hacer ningún esfuerzo por disminuir su consumo.

Como era de esperarse, las personas del tercer grupo, que no habían hecho el menor esfuerzo por disminuir el consumo diario de cigarros, seguían fumando igual que antes, porque no habían recibido ayuda técnica para dejar de hacerlo (no habían llevado un registro para disminuir el consumo diario de cigarros).

Las personas del primero y segundo grupo disminuyeron de modo notable el número de cigarros que consumían. El primer grupo –que desarrolló expectativas de que lograrían el éxito– redujo en 90% el número de cigarros que fumaban; en el plazo de dos meses, 12 de las 19 personas dejaron de fumar por completo. El segundo grupo redujo en 70% el número de cigarros fumados; cinco de las 18 personas dejaron de fumar.

El grupo que tuvo mayor éxito fue el de las personas que habían sido motivadas para tener confianza en sí mismas. Se realizó un seguimiento tres meses después de que había terminado el tratamiento, y se pudo comprobar que algunas personas habían vuelto a fumar, pero el éxito se mantenía mejor en las personas del primer grupo, que tenían motivación de éxito y mayor confianza en sí mismas.

Si reincides en el hábito de fumar, antes de cualquier otra cosa, es importante que te animes, confíes en ti mismo. Puedes leer otra vez los capítulos 4 y 9 para eliminar los pensamientos y las creencias que te estorban y desmotivan.

Cuando un fumador cae en la cuenta de que puede confiar en sí mismo, porque confía en su propia inteligencia y su constancia, puede ensayar los métodos de autocontrol, incluyendo el registro diario del consumo de cigarros, con fundada esperanza de éxito. Cuando tratan de entender cuáles son los motivos que los impulsan a fumar, los fumadores tienen ideas más claras acerca de las personas y las situaciones que los presionan, irritan, aburren, deprimen o alegran.

Otro factor que contribuye a las reincidencias son las ganas de fumar; el hambre o necesidad que sienten. Como todos sabemos, los fumadores que no sienten mucha necesidad, dejan de fumar más fácilmente. Al contrario, a los que tienen más ganas, les cuesta más trabajo dejar los cigarros, y también reinciden con mayor frecuencia.

Harrington reunió a 40 fumadores que consumían más de quince cigarros diarios. Todos completaron un cuestionario acerca de su estilo de fumar, que incluía preguntas acerca del ansia por fumar, como: "Cuando se me acaban los cigarros, es algo insoportable, mientras no los consigo"; "tengo muchas ganas de fumar, si es que no lo he hecho por un rato", etcétera. Según las respuestas, formó dos grupos: el de las personas que tenían muchos deseos de fumar, y otro con los que sentían menos deseos.

Se les dieron distintos tratamientos para dejar de fumar. Sin embargo, la parte principal de todos ellos consistió en llevar un registro diario de los cigarros que fumaban, con el fin de disminuir gradualmente su número. Al final, se comprobó que las personas que sentían menos ganas de fumar eran las que habían disminuido más su consumo diario de cigarros.

Por otra parte, 10 semanas después, se pudo comprobar que los fumadores que tenían más hambre por fumar eran los que habían reincidido más fácilmente en su tabaquismo. Por el contrario, los fumadores que tenían menos ansia por fumar, respondieron mejor a los tratamientos. También sostuvieron, sin mayores problemas, sus éxitos en dejar el tabaquismo.

Los resultados demuestran que las personas que sienten grandes deseos de fumar tienen dependencia fisiológica (adicción) a la nicotina. Además, son personas que tienen expectativas menos firmes o más derrotistas, respecto a sus posibilidades de dejar de fumar.

El mismo autor sugiere que también ayudaría llevar un registro diario de las veces que alguien ha resistido sus deseos de fumar. Para eso, puede usar un pequeño contador manual. Otra alternativa, sin duda más difícil, es que el fumador lleve consigo un pequeño aparato que administre toques eléctricos de cierta intensidad. Se aplica un toque eléctrico cada vez que siente deseos por fumar y de esta manera los va eliminando.

Sin llegar tan lejos, es necesario que los que sientan intensos deseos por fumar eliminen sus expectativas de fracaso y aumenten la confianza en sí mismos. También es necesario que recurran de nuevo a las técnicas de autocontrol cuando tengan alguna reincidencia. En primer lugar, necesitan reflexionar de nuevo acerca de sus motivos para dejar de fumar. Además, tienen que llevar de nuevo un registro diario por algún tiempo.

Sus pequeñas victorias los harán sentirse más confiados. Una de las cosas más difíciles en el proceso de dejar los cigarros es resistir las ganas de fumar. Cuando alguien deja de fumar, siente que el deseo de hacerlo viene una y otra vez, pero desaparece de ordinario a los pocos minutos, en particular cuando la persona se dedica a otras actividades.

El deseo se debilita cada vez que lo resistes y no fumas. A medida que te sobrepones a las ganas de fumar, éstas van disminuyendo, y terminas por recuperar el control sobre su adicción. Las veces que vences los obstáculos y manejas nuevas situaciones, tienes mayor confianza en ti mismo, creces e integras mejor tu propia personalidad.

Cuando vuelven a fumar después de un tiempo más o menos largo, algunos se sienten culpables, por lo que el aprecio y la confianza en sí mismos disminuyen. Según Condiotte y Lichtenstein las personas que tienen mayor autonomía y suficiente confianza en sí mismas vuelven a hacer otro intento y controlan de nuevo su conducta de fumar sin grandes problemas.

Por el contrario, los que tienen menos confianza en sí mismos se declaran vencidos, abandonan todo esfuerzo, y retoman el hábito de fumar.

Los que vuelven a fumar ofrecen las siguientes razones (Di Clemente y Prochaska): problemas y preocupaciones personales, falta de ejercicio físico y demás actividades relacionadas con el cuidado de su salud, confianza excesiva al suponer que el hábito ya estaba controlado, cavilaciones acerca de que necesitaban fumar, y tensiones relacionadas con su trabajo.

Los que mantienen su éxito y no vuelven a fumar, dicen que los ayudaron los siguientes factores: diálogos internos para animarse a no fumar, ejercicios de respiración profunda, deportes y actividades físicas para controlar el nerviosismo, evitar la compañía de los fumadores y las situaciones en las que antes fumaban, y además, mantener el firme compromiso de no fumar.

Finalmente, conviene advertir que muchos autores señalan que algunos exfumadores fuman ocasionalmente uno que otro cigarro, sin que esto signifique, de ninguna manera, que su hábito ya no esté bajo control.

En vista de las investigaciones y de nuestra propia visión, nos permitimos hacer las siguientes sugerencias, que pueden servir a los que reinciden para que apliquen de nuevo el autocontrol y manejen cualquier situación sin demasiados problemas:

1. No te atormentes ni te sientas culpable si acaso fumaste uno o dos cigarros algún día. De todos modos, eres un ex fumador. Algunas personas que dejaron de fumar consumen un cigarro de vez en cuando, sin que esto signifique que tienen un hábito establecido.

2. Si fumas alguna vez, o algunas veces, no tomes eso como pretexto para desmoralizarte, sentirte derrotado y declarar que "no tienes fuerza de voluntad"; mejor considera los avances que llevas hasta ahora y el tiempo (días, semanas o meses) que te has mantenido sin fumar. Renueva tu propósito de no fumar e inténtalo otra vez.

3. Es muy importante que reflexiones, de cuando en cuando, tus motivos personales para no fumar, tanto los negativos (los riesgos a la salud si continúas fumando) como los positivos (las ventajas, en términos de salud y bienestar si continúas sin fumar).

4. Procura no llevar nunca contigo cigarros. Rechaza cualquier ofrecimiento de los amigos o compañeros que fuman. Diles que dejaste de fumar hace tiempo para no seguir corriendo riesgos a tu salud. También les puedes decir que te sientes mucho mejor desde que ya no fumas.

5. No dejes que se acumulen las tensiones y el nerviosismo. Continúa practicando con toda constancia algún ejercicio o deporte, de manera regular. También puedes ensayar, de cuando en cuando, alguna técnica de relajación o de respiración profunda.

6. Cuando te sientas nervioso o irritable, y con deseos de fumar, respira profundamente unas cuantas veces, con el fin de calmarte. Procura caminar un poco, o te puedes distraer de algún modo sano.

7. En caso de que estés fumando otra vez varios cigarros diarios, es necesario que reflexiones mejor acerca de tus motivos personales. También necesitas retomar el registro diario. Anota cada día, por la noche, el número de cigarros que fumaste, y procura disminuir gradualmente ese número. Por ejemplo, disminuye un cigarro cada dos días. Después, aunque ya no fumes nada, continúa llevando el registro diario durante dos o tres semanas más.

8. Cuando tengas problemas personales o de trabajo que sean bastante serios y te preocupen, platícalos a algún amigo de confianza. Busca nuevas soluciones que sean más sanas que fumar cigarros.

9. No permitas que el hábito se vuelva a establecer. Aplica soluciones lo antes posible. Recuerda cuáles fueron las técnicas que te dieron mejores resultados para dejar de fumar. Aplícalos otra vez, con suficiente optimismo y constancia. Si ya tuviste éxito una vez, te será más fácil tenerlo de nuevo.

Capítulo 12

Sistemas de puntos
y recompensas

Como ya lo hemos indicado, fumar cigarros tiene consecuencias gratas, pero también presenta riesgos a la salud. Las consecuencias gratas (los placeres de fumar) son uno de los principales elementos que explican por qué fumar se convierte en un hábito tan fuertemente arraigado en muchos individuos. Los cigarros son gratificantes porque satisfacen, al menos de modo pasajero, algunas necesidades.

Por ejemplo, dan salida a la tensión y al nerviosismo, alivian la sensación de hambre o de fatiga, entre otros. Algunas otras necesidades que alivian los cigarros son el producto de la propaganda: los jóvenes que fuman pueden sentirse más sociables o atractivos.

Además, los cigarros satisfacen la necesidad de nicotina que sienten los fumadores que se han habituado a esa droga. Las consecuencias gratas impulsan a los fumadores a repetir la conducta de fumar. Mientras que las satisfacciones de fumar son casi inmediatas, las consecuencias nocivas (los riesgos para la salud) se suelen presentar a largo plazo.

También somos capaces de controlar las consecuencias de nuestras propias acciones; para apoyar eso, podemos proporcionarnos consecuencias gratas (reforzamientos positivos) si alcanzamos las metas que nos hemos propuesto. También podemos administrarnos alguna consecuencia negativa (privarnos de una recompensa) cuando no hemos cumplido algún contrato que hicimos con nosotros mismos.

Como explicamos antes, importa mucho convertir los avances cuando fumas menos, o ya no fumas, en algo agradable. Debido a eso, te insistimos en que te alegres y te animes en la medida que logras éxito en tu camino para dejar de fumar y te mantienes sin hacerlo.

Por el contrario, también te conviene hacer que la conducta de fumar sea menos agradable, por ejemplo imaginando las enfermedades que resultarían en caso de que siguieras fumando.

Algunos de los cursos que se organizan para ayudar a las personas para salir del tabaquismo utilizan sistemas de puntos y recompensas.

Aquí te presentamos algunos ejemplos y sugerencias, por si acaso te ayudan en algo para lograr tus propósitos.

En una investigación (Bernstein y Berkovek) se estableció un criterio para reducir el número de cigarros que consumían las personas de un grupo. Las veces que alguno de ellos llegaba a la meta diaria propuesta, y reducía ese día el número de cigarros que fumaba, ganaba puntos.

Al final, las personas que lograron acumular un total de 50 puntos recibieron un bono, y así por el estilo, durante varias semanas. Con ese bono les hacían 10% de descuento cuando compraban algo en una tienda local de productos alimenticios. El sistema de puntos ayudó a que la mayoría de las personas de ese grupo dejaran de fumar.

De manera parecida, al principio de un curso para dejar de fumar se pidió a cada uno de los fumadores que depositara una cantidad de dinero (Murray y Hobbs). Se les prometió a todos que les devolverían el dinero cuando completaran el programa y dejaran de fumar. Además, se instruyó a los fumadores para que se proporcionaran un dólar diario en caso de que hubieran llegado a la meta propuesta que consistía en disminuir el número de cigarros que fumaban. Por el contrario, perdería un dólar los días que no hubieran alcanzado esa meta.

Al fin de cada semana, las personas podían gastar el dinero que habían ganado al alcanzar sus metas. Se les recomendó que lo gastaran en algo que verdaderamente les agradaba.

Además, al final de cada semana, los fumadores donaban a una organización de beneficencia pública el dinero que habían perdido los días en que no habían cumplido con la meta propuesta. Casi todas las personas dejaron de fumar y se les devolvió su depósito inicial de diez dólares. Este sistema de recompensas monetarias tuvo gran éxito.

Si deseas establecer un sistema de puntos para ayudarte a dejar los cigarros, puedes seguir los siguientes pasos:

1. Necesitas establecer una meta clara de cuántos cigarros vas a disminuir diariamente (o cada dos días).

2. Debes acordar cuántos puntos vas a ganar por cada meta lograda al final del día.

3. Decide cuánto dinero vale cada punto. Otro procedimiento sería decidir cuántos puntos hay que acumular para ganar una recompen-

sa concreta. Por ejemplo, si cada día que cumples con la meta que se ha propuesto vale un punto, puedes decidir que la recompensa por haber acumulado siete puntos es ir a cenar fuera de tu casa en algún lugar que te guste mucho (con algún amigo o amiga que no fuma).

4. Al final de cada semana, cambia tus puntos por la cantidad de dinero que representan, y gasta ese dinero del modo que gustes. Como otra alternativa, disfruta la recompensa que te has fijado cuando reúnas los puntos debidos.

5. Decide también cuántos puntos vas a perder por cada meta que no puedas lograr.

6. Al final de cada semana regala el dinero que has perdido a una institución de beneficencia (por ejemplo, la Cruz Roja) o prívate de la recompensa planeada, en caso de que aún no la hayas merecido.

7. Conforme pasa el tiempo, puedes ir haciendo un poco más difícil ganar puntos o llegar a una recompensa. Lo anterior puede servir para que no pierdas el interés ante una tarea que te parezca demasiado fácil.

8. Al llegar a la meta final, cuando ya hayas dejado de fumar, puedes darte una recompensa más importante. Por ejemplo, puedes disponer de una cantidad de dinero para comprar algo que te proporcione mucha satisfacción, o puedes darte un premio de consideración, por ejemplo, puedes tomarte unos días de vacaciones.

Otro modo sencillo de utilizar un sistema de recompensas para ayudarte a dejar de fumar consiste en ahorrar diariamente el dinero que no hayas gastado en cigarros. Después de algún tiempo, puedes gastar ese dinero en algo que deseas o realmente necesitas.

Capítulo 13

Productos que reemplazan la nicotina

Conviene utilizar estos productos durante periodos de tiempo limitados; su propósito general es ir disminuyendo su uso cada vez más hasta ser suspendidas de manera definitiva. Los principales son: goma de mascar (chicles), parches de nicotina, aerosoles e inhaladores. Todos ellos presentan riesgos de recaídas, mal uso y abuso por algunos fumadores; el abuso puede provocar síntomas de intoxicación.

Al final de este capítulo mencionaremos otros productos para dejar de fumar.

Parches de nicotina

Se compran sin receta médica y proporcionan una dosis del fármaco a través de la piel. En el mercado se ofrecen parches con distintas concentraciones de nicotina. La persona va utilizando, durante varias semanas, parches diarios que contienen dosis cada vez más bajas de nicotina, hasta que finalmente deja de usarlos. El paquete contiene instrucciones acerca del producto, y describe sus efectos secundarios.

El parche de *16 horas* funciona para los fumadores promedio y los que fuman poco. Tiende a causar menos efectos secundarios; sin embargo, no provee suficiente nicotina durante la noche, por lo que no elimina los síntomas de abstinencia cuando éstos ocurren por la mañana temprano.

El parche de *24 horas* provee una dosis constante de nicotina que ayuda a evitar las altas y bajas. Alivia los síntomas de abstinencia temprano por la mañana. Sin embargo, puede producir efectos secundarios, como alteración del sueño, irritación de la piel, dolores de cabeza, náuseas, vómitos y rigidez muscular. En esos casos, es recomendable reducir la cantidad de nicotina usando un parche de menor concentración. Al que está utilizando los parches, no le conviene fumar.

La mayoría de los fumadores empiezan con un parche diario de máxima concentración (15-22 mg de nicotina) durante cuatro semanas, y después un parche de menor concentración (5-14 mg) durante otras cuatro semanas. El parche se coloca por la mañana en un área limpia y seca de la piel, que no tenga mucho vello, por ejemplo en el brazo, o entre el cuello y la cintura. La FDA (*Federal Drug Administration* de Estados Unidos) recomienda utilizar parches durante el plazo de tres a cinco meses.

Goma de mascar (chicles) de nicotina

La goma de mascar es otra forma de reemplazo de la nicotina: ésta se absorbe, de manera inmediata, a través de la membrana mucosa de la boca. Se vende sin receta médica y está disponible en concentraciones de 2 y 4 mg.

Las instrucciones recomiendan masticar el chicle lentamente hasta que se note un sabor a pimienta. Luego se deja de masticar y el chicle se mantiene a un lado de la boca; cada 20 o 30 minutos, aproximadamente, se repite el mismo proceso. La comida y los líquidos que se consumen pueden afectar la absorción de la nicotina. Conviene evitar las comidas ácidas y el café, los jugos y los refrescos, por lo menos 15 minutos antes, y también cuando se tiene un chicle en la boca.

Los que antes consumían una cajetilla o más por día, fumaban durante los primeros 30 minutos después de despertarse y les resultaba difícil dejar de fumar en áreas restringidas, suelen empezar con la dosis más alta de 4 mg. No es conveniente masticar más de 20 chicles al día. Se recomienda utilizar este método por un periodo que va de uno a tres meses sin llegar a sobrepasar los seis meses. Para dejar de usar los chicles de nicotina, se disminuye poco a poco el número de los que se consumen cada día.

Las personas que tienen piel sensible prefieren la goma de mascar en lugar de los parches. Otra ventaja es que permite controlar mejor las dosis de nicotina; se puede masticar cuando sea necesario, o en un horario fijo durante el día; esto último funciona mejor. Sin embargo, las que sienten grandes deseos de fumar, mastican mayor número de chicles.

Entre los efectos secundarios están: irritación de garganta, llagas en la boca y palpitaciones aceleradas. Los chicles con nicotina dañan las dentaduras y las prótesis dentales. Las investigaciones han demostrado que de 15 a 20% de las personas que dejan de fumar y usan los chicles, los siguen utilizando por un año o más, lo que los expone a daños a la salud que se originan por la nicotina. En pocas palabras, se han vuelto adictos a los chicles.

Aerosol nasal de nicotina

El aerosol nasal suministra nicotina a la sangre a medida que se absorbe rápidamente a través de la mucosa de la nariz. Solamente se puede obtener con receta médica. Alivia rápidamente los síntomas de la abstinencia y permite controlar los deseos de fumar en los que han dejado los cigarros.

En general, les gusta a los fumadores porque es fácil de usar. Sin embargo, la FDA advierte que el aerosol puede ser adictivo, porque contiene nicotina; recomienda a los médicos que lo receten por periodos de tres meses, pero sin llegar a usarlo por más de seis meses.

Sus efectos secundarios más comunes, que persisten durante una a dos semanas, incluyen irritación y goteo nasal, ojos llorosos, estornudos, irritación de garganta y tos. También existe el peligro de una dosis excesiva. No es conveniente que lo usen las personas que padecen asma, alergias, pólipos nasales o problemas de sinusitis.

Inhaladores de nicotina

Estos inhaladores requieren receta médica. Tienen un tubito conectado a una cápsula de nicotina. Al usar el inhalador, el vapor de nicotina sale de la cápsula y llega a la boca. Algunos fumadores consideran que es lo que más se parece a fumar un cigarro.

La dosis recomendada es de 6 a 16 cartuchos al día hasta un máximo de seis meses. Los efectos secundarios que suele producir este inhalador, en especial cuando se utiliza por primera vez, incluyen irritación de garganta y problemas estomacales. Son muy costosos.

Pastillas de nicotina para chupar

Las pastillas que contienen nicotina se venden sin receta médica; lo mismo que la goma de mascar; vienen en dos concentraciones: 2 y 4 mg. Los que ya dejaron de fumar escogen sus dosis según les conviene. La nicotina se absorbe a través de las mucosas de la boca.

Los fabricantes recomiendan una pastilla cada una o dos horas durante seis semanas, luego una pastilla cada dos o cuatro horas durante siete o nueve semanas, y finalmente una cada cuatro a ocho horas durante siete a nueve semanas; finalmente una cada cuatro a ocho horas durante diez a doce semanas. ¿Plan de 12 semanas?

No hay que comer ni beber por 15 minutos antes de usar las pastillas. Las pastillas se disuelven lentamente, durante 20 o 30 minutos.

Los efectos secundarios que pueden ocurrir incluyen problemas para dormir, náusea, hipo, tos, acidez estomacal, flatulencia y dolor de cabeza. Para algunas personas, las pastillas con nicotina representan otra forma de continuar su consumo habitual de nicotina, sin que tengan la menor intención de dejar de hacerlo.

Algunas personas las usan en lugares donde está prohibido fumar, sin ninguna intención de dejar los cigarros.

Otros productos

En general, los filtros que reducen el alquitrán y la nicotina no son tan eficaces porque algunos fumadores que los utilizan tienden a fumar más; debido a eso, ingieren mayores cantidades de monóxido de carbono y otras sustancias peligrosas. Como ya explicamos, lo mismo sucede con los cigarros con filtro.

Bupropión (Zyban) es un antidepresivo de acción prolongada que se adquiere con receta médica para reducir los síntomas de abstinencia, por lo que facilita dejar de fumar. No contiene nicotina y actúa en los agentes químicos del cerebro relacionados con las ganas de fumar. Puede usarse solo o con terapia de reemplazo de nicotina (por ejemplo, parches).

Funciona mejor si se empieza a tomar una o dos semanas antes de la fecha fijada para dejar de fumar. La dosis típica es una o dos tabletas de

150 mg diarias. No debe usarse si la persona ha consumido alcohol en grandes cantidades, tenido convulsiones, lesiones graves en la cabeza, manía-depresión, anorexia o bulimia.

Vareniclina (Champix) interfiere con los receptores de nicotina en el cerebro, y tiene dos efectos: reduce los efectos físicos de placer que la persona experimenta cuando fuma, y también reduce los síntomas de abstinencia a la nicotina. Requiere receta médica.

Los efectos secundarios reportados incluyen dolores de cabeza, náusea, vómito, alteraciones del sueño, flatulencia y cambios en el gusto (sabor). No se ha determinado si conviene usarlo junto con productos de reemplazo de nicotina.

También se venden elegantes cigarros electrónicos desechables, sin tabaco, y con luz y vapor, que los fumadores pueden chupar para recibir la dosis correspondiente de nicotina sin mancharse los dedos, aunque tienen un precio mucho más elevado que el de los cigarros comunes y corrientes.

La efectividad de cualquiera de los productos para dejar de fumar depende de que la persona disminuya gradualmente su uso (la dosis diaria) hasta eliminarlos por completo en unas cuantas semanas o pocos meses. Si esto no se hace, solamente se ha cambiado la dependencia a los cigarros por otra nueva dependencia a costosos productos comerciales que proporcionan nicotina bajo otras apariencias. En pocas palabras, la meta sana y constructiva no es seguir dependiendo de la nicotina, ni seguir gastando dinero para conservar la adicción a esta droga, bajo la falsa apariencia de que el fumador ya dejó de consumir cigarros.

Capítulo 14

Las técnicas aversivas

Estas técnicas asocian ciertas experiencias aversivas (desagradables) con la experiencia de fumar. Producen también asociaciones de tipo cognoscitivo y simbólico: las personas se detienen antes de fumar, porque esta conducta ya no es agradable, y tampoco es automática (Bandura); a las personas que intentan dejar de fumar, esto les facilita controlar su hábito.

A veces se utilizan en combinación con los registros de disminución y las técnicas de reforzamiento, lo mismo que otros sistemas que premian los avances logrados mediante la disminución gradual del consumo de cigarros.

Existen tres técnicas principales: imaginarse situaciones desagradables, fumar rápido y utilizar toques eléctricos. En el capítulo 9 explicamos las técnicas para imaginar situaciones desagradables. Ahora mencionaremos las otras dos, para dar al lector un panorama completo de las técnicas psicológicas para controlar el tabaquismo.

La técnica de fumar rápido

El método más conocido de fumar rápido es el de Lichtenstein y Glasgow. Se reúne un grupo de fumadores y se les pide que enciendan un cigarro e inhalen cada seis segundos, según se les va ordenando. Cuando terminan un cigarro encienden otro; siguen así hasta que esto les resulta intolerable debido a que experimentan náuseas, mareos y otros malestares.

Cuando ya no soportan eso, dicen "basta" y apagan el cigarro. Toman cinco minutos de descanso, y luego repiten el mismo procedimiento, si es que todavía tienen ganas de seguir fumando. La mayoría de las personas solamente puede soportar 20 o 25 minutos de fumar rápido antes de dejar de fumar por completo.

Los fumadores habituales dejan de fumar porque eso ya no es agradable para ellos; por el contrario, se convierte en algo muy desagradable; sienten que eso los puede enfermar.

Best utiliza el procedimiento de fumar rápido, pero añade un detalle: mientras que la persona fuma, también recibe en la cara humo de cigarros. Este humo es arrojado por una bomba hidráulica, situada a unos 30 o 40 centímetros de la persona, que consume simultáneamente seis cigarros cada seis segundos, y arroja continuamente ese humo.

Hay otras variantes de fumar rápido; Lando pide a los fumadores que enciendan un cigarro y continúen fumando sin descanso durante 25 minutos. Sólo pueden interrumpir eso cuando sienten náuseas y mareos. Además de esas sesiones (una diaria por seis días), los fumadores deben consumir el doble de los cigarros que acostumbran fumar. Al final de este periodo, dejan de fumar.

Glasgow recomienda fumar con el ritmo normal de cada individuo durante cinco minutos seguidos, o hasta que ya no pueda tolerar más esto. Durante el tratamiento, pide a los fumadores que se concentren en las sensaciones desagradables que sienten al fumar de esa manera.

Otro modo de llegar a la saciedad, es decir a que el fumador se harte de los cigarros, es pedir a la persona que fume diariamente mucho más (al menos el doble) de lo que fuma habitualmente. Hace esto durante varios días (de tres a seis) hasta que ya no se le antoja seguir haciéndolo. El mejor criterio para determinar cuando alguien ha fumado lo suficiente, es su malestar subjetivo. La persona ya está saturada y asqueada (Best y otros; Lando; Raw y Rusell).

La técnica anterior se puede utilizar como castigo cuando la persona no cumpla con su contrato diario de disminución de cigarros. Así, Best notifica a los fumadores que cuando un día no cumplen con sus metas de disminución gradual, al día siguiente tendrán que fumar el doble.

Una parte importante de los tratamientos que hemos mencionado es procurar que los fumadores intercambien sus experiencias negativas. Danaher recomienda a los fumadores que escriban todas sus experiencias y sensaciones desagradables, para que no las olviden tan fácilmente.

Precauciones en la técnica de fumar rápido

Hay gran preocupación relacionada con los procedimientos de fumar rápido. Se cree que los efectos de las sustancias tóxicas, además del malestar subjetivo, pueden sobrecargar los sistemas cardiovascular y respiratorio, con graves riesgos.

Es necesario hacer una evaluación médica preliminar, para excluir de este tratamiento a las personas que pueden correr algún riesgo. Es mejor utilizar esta técnica en clínicas, y no en consultorios privados. Hay que excluir a las personas que tienen (o han tenido) problemas cardiacos, presión arterial alta, diabetes, bronquitis crónica, enfisema, etcétera.

A los participantes se les deberá explicar con claridad los riesgos y las ventajas de este tratamiento. Si desean participar, es necesario que cuenten con la aprobación escrita de su médico.

Se ha observado que la frecuencia del ritmo cardiaco aumenta más (el doble) al fumar rápido que en situaciones normales. También se ha observado un aumento significativo en la presión arterial, lo mismo que una notable elevación en los niveles de monóxido de carbono.

Al combinarse el monóxido de carbono con la hemoglobina de los glóbulos rojos, se reduce su capacidad para transportar oxígeno; eso podría causar accidentes cardiovasculares (ataques al corazón) en algunos individuos.

Sin embargo, la técnica de fumar rápido está muy difundida y los experimentos no reportan casos fatales (Lichstenstein y Glasgow). La mayoría de los síntomas se presentan a los pocos minutos de empezar a fumar de este modo, pero desaparecen a los 15 minutos, salvo por el monóxido de carbono, que tarda varias horas en eliminarse. De cualquier manera, el malestar subjetivo que provoca esta técnica es muy severo.

La técnica se puede realizar con un solo fumador, o con un grupo de fumadores. Se necesita un cuarto cómodo con un buen ventilador para extraer el humo de los cigarros con suficiente rapidez después de cada sesión. Debe haber ceniceros de tamaño grande, porque los fumadores experimentan mareos y trastornos en la coordinación visual y motriz causados por la rápida ingestión de monóxido de carbono.

Toques eléctricos

Otra de las técnicas aversivas para dejar de fumar es la aplicación de toques eléctricos. Se colocan los electrodos en el brazo o en la mano, y se administran los toques eléctricos junto con la conducta de fumar: al llevar el cigarro a la boca, al inhalar, al exhalar, entre otros. Lo anterior, durante las primeras tres sesiones (Conway).

Durante las siguientes tres sesiones, la persona se imagina que está fumando, y entonces se da o recibe los toques eléctricos. Los toques eléctricos cesan cuando la persona no fuma, o cuando ya no se imagina que esta fumando.

Los toques utilizados son pulsantes, de medio segundo de duración y de intensidad variable. Cada persona escogía la intensidad, de modo que los toques fueran molestos o dolorosos, aunque tolerables. En cada una de las seis sesiones se daban a las personas 15 series de toques eléctricos.

Heller, J. y Henkin, W., Bodywise, Wingbow Press: California, 1993.

Medina-Mora, M.E., M.P. Peña Corona, P. Cravioto, J. Villatoro y P. Kuri 2002. Del tabaco al uso de otras drogas: ¿el uso temprano de tabaco aumenta la probabilidad de usar otras drogas? Salud Pública Mex 44(1): 109-115.

Abraham, A. Nine steps to prevent smoking, *The Nursing journal of India*, 1980, 7, 1, 95-97.

Aguilar, J. Tabaquismo, un enemigo consentido, *Revista del consumidor*, Profeco, México, mayo de 2004.

American Cancer Society, *Quitting smoking*. American Cancer Society: Nueva York, 2000.

—— *Cancer Facts and Figures*, American Cancer Society: Atlanta, 2007.

American Psychiatric Association DSM 111 (*Diagnostic and statistical manual of mental disorders*, 3a. ed.). Washington: A.P.A., 1980.

Bandura, A. Self-efficacy: toward a unifying theory of behavioral change. *Psychological Review*, 1977, 84, 191-215.

—— *Self-efficacy, the exercise of control*, Freeman: Nueva York: 1997.

Barona, P. (Coordinador) Tabaquismo, 1a. parte, *Revista de la Facultad de Medicina* México: UNAM, 1981, 24, 619.

—— (Coordinador) Tabaquismo, 2a. parte, *Revista de la Facultad de Medicina* México: UNAM, 1982, 25, 4-14.

Beck, A. *Cognitive therapy and the emotional disorders*. Nueva York: International Universities Press, 1976.

—— Rush, A., Shaw, B. y Emery, G. *Cognitive therapy of depression*, Nueva York: Guilford Press, 1979.

Bernstein, D. y Berkovec, T. *Progressive relaxation training: a manual for the helping professions*. Champaign, III: Research Press, 1973.

Best, A., Owen, L. y Trentandue, L. Comparison of satiation and rapid smoking in self-managed smoking cessation. Addictive Behaviors, 1978, 3, 71-78.

Bornstein, P., Carmody, T. y otros. Reduction of smoking behavior: a multivariate treatment package and the programming of response maintenance. *The Psychological Record*, 1977, 27, 733-741.

Cautela, J. Covert sensitization. *Psychological Reports*, 1967, 20, 459-468.

Cevallos, D. Tabacaleras en pie de guerra, *El Universal*, 7 de enero de 2006.

Chassé, F. y Ladouceur, R. Temporal order of self-monitoring in cigarette smoking. *Psychological Reports*, 1980, 47, 115-118.

Condiotte, M. y Lichtenstein, E. Self efficacy and relapse in smoking cessation programs. *Journal of Consulting and Clinical Psychology*, 1981, 49, 648-658.

Conway, J. Behavioral self-control of smoking through aversive conditioning and self management. *Journal of Consulting and Clinical Psychology*, 1977, 45, 348-357.

Danaher, B. Rapid smoking and self-control in the modification of smoking behavior. *Journal of Consulting and Clinical Psychology*, 1977, 45, 1068-1075.

DiClemente, C. y Prochaska, J. Self-change and therapy change of smoking behavior: a comparison of processes of change in cessation and maintenance. *Addictive Behaviors*, 1982, 7, 133-142.

Eiser, R. Discrepancy, dissonance, and the "dissonant" smoker. *The International Journal of the Addictions*, 1978, 13, 1295-1305.

Ellis, A. y Harper, R. *A new guide to rational living*. Prentice Hall: New Jersey, 1975.

Evans, D. y Lafic, D, Long-term outcome of smoking cessation workshops. *American Journal of Public Health*, 1980, 7, 725-727.

Golfried, M. y Merbaum, M. *Behavior change through self control.* Nueva York: Holt, Rinchart and Winston, 1973.

Heller, J. y Henkin, W., Bodywise, Wingbow Press: California, 1993.

Homme, L. Control of coverants: the operants of the mind. *Psychological Record*, 1965, 15, 501-511.

Hughes, G., Hymowitz, N. y otros. The multiple risk intervention trial. V. Intervention on smoking. *Preventive Medicine*, 1981, 10, 476-500.

Ikard, I., Green, D. y Hom, D. A scale to differentiate between types of smoking as related to the management of affect. *The International Journal of the Addictions*, 1969, 4, 649-659.

INEGI. *Indicadores sobre el consumo del tab*aco, 2002, 31 de mayo de 2005.

Jacobson, E. *Progressive relaxation*, University of Chicago Press: Chicago, 1974.

Joly, D. El hábito de fumar cigarrillos en América Latina: una encuesta de ocho ciudades. *Boletín de la Oficina Sanitaria Panamericana*, 1975, 79, 93-111.

Kantorowitz, D., Walters, J. y Pezdek, K. Positive versus negative self-monitoring in the self-control of smoking. *Journal of Consulting and Clinical Psychology*, 1978, 5, 1148-1150.

Katz, R., Heiman, M. y Gordori, S. Effects of two self-management approaches on cigarette smoking. *Addictive Behaviors*, 1977, 2, 113-119.

Knapp, J. y Delprato, D. Willpower, behavior therapy, and the public. *Psychological Record*, 1980, 30, 377-482.

Kozlowski, L. The determinants of tobacco use: cigarette smoking in the context of other forms of tobacco use. *Canadian Journal of Public Health*, 1982, 73, 236-241.

Lando, H. A factorial analysis of preparation, aversion, and maintenance in the elimination of smoking. *Addictive Behaviors*, 1982, 7, 143-154.

Lara, A. y cols. Opiniones, actitudes y consumo de tabaco en una Institución de Salud Pública. *Salud Pública de México*, 1984, 26, 122-129.

—— Programa terapéutico multimodal para el control del tabaquismo. *Acta Psiquiátrica y Psicológica de América Latina*, 1985.

Leventhal, H. y Cleary, P. The smoking problem: a review of research and theory in behavioral risk modification. *Psychological Bulletin*, 1980, 88, 370-405.

Lichtenstein, E. y Glasgow, R. Rapid smoking: side effects and safeguards. *Journal of Consulting and Clinical Psychology*, 1977, 45, 815-821.

Luchesj, B., Schuster, C. y Emley, G. The role of nicotine as a determinant of cigarette smoking in man with observations of certain cardiovascular effects associated with the tobacco alkaloid. *Clinical Pharmacology and Therapeutics*, 1967, 8, 789-796.

May, E., House, W. y Kovacs, K. Group therapy to improve coping with stress. *Psychotherapy: Theory, Research and Practice*, 1982, 19, 102-109.

Medina-Mora, M.E., M.P. Peña Corona, P. Cravioto, J. Villatoro y P.Kuri 2002. Del tabaco al uso de otras drogas: ¿el uso temprano de tabaco aumenta la probabilidad de usar otras drogas? *Salud Pública* Mex., 44(1): 109-115.

Meichembaum, D. Toward a cognitive theory of self control (en Schwartz, G. y Shapiro, D. *Consciousness and self-regulation: advances in research*, vol. 1. Plenum Press: Nueva York, 1976.

Menninger, K. The psychology of personal responsibility. *Journal of Holistic Health*, 1982, 8, 1-14.

Murray, R. y Hobbs, S. Effects of self-reinforcement and self-puni shment in smoking reduction: implications for broad-spectrum behavioral approaches. *Addictive Behaviors*, 1981, 6, 63-67.

Mc Kennell, A. y Thomas, R. *Adults' and adolescents' smoking habits and attitudes.* (Government Social Survey No. 353/B) H.M.S.O. London, 1967.

Navarro, R. *Psicoenergética,* Limusa, México, 1984.

—— *Psicoterapia antidepresiva,* Trillas, México, 1990.

—— Alteraciones emocionales, personalidad neurótica y terapia psicoenergética, *Revista Intercontinental de Psicología y Educación,* 1992, 5:2, 39-62.

—— Psicoterapia corporal y psicoenergética, Editorial Pax México, México, 1999, 2006.

—— Las emociones en el cuerpo, Editorial Pax México, México, 1999, 2006.

—— *Cómo resolver tus problemas emocionales sin acudir a un terapeuta,* Editorial Pax México, México, 2006.

—— *Psicoenergética* (segunda edición), Editorial Pax México, México, 2007.

—— *Los adorables mexicanos machos y narcisistas,* Editorial Pax México, México, 2008.

—— y Lara, A. *El libro para que usted deje de fumar,* EDAMEX, México, 1986.

Notimex, Aumentan en México los casos de males pulmonares por tabaquismo. *Salud,* 22 abril de 2007.

Ortega y G., J. *Ideas y creencias,* Espasa-Calpe: Madrid, 1967.

OMS (who), *Tobacco or Health: a global report,* WHO: Geneve, 1997.

—— Tobacco or health: status in the Americas, WHO: Geneve, 1992.

—— Tabaco: mortífero en todas sus formas, 2004, www.who.int/tobacco/

Pertschuk, M., Pomerleau, 0., Adkins, D. y Hirsch, C, Smoking cessation: the psychological costs. *Adidictive Behaviors,* 1979, 4, 345-348.

Petrie, G. *Smoking –Health risks,* 2004, www.netdoctor.co.uk

Powell, D. y Mc Cann, B. The effects of a multiple treatment program and maintenance procedures on smoking cessation. *Preventive Medicine,* 1981, 10, 94-104.

Kuri, P., Alegre, J., Mata, M. y Hernández, M. Mortalidad atribuible al consumo de tabaco en México. *Salud Pública de México,* 2002, 44, suppl. 1: 529-533.

Raw, M. y Russell, M. Rapid smoking, cue exposure and support in the modification of smoking. *Behavior Research and Therapy,* 1980, 18, 363-372.

Rodríguez, R. Son universitarias las mujeres que más fuman, indica estudio. *El Universal,* 6 de junio 2005 (www.el universal.com).

Rusell, M. The smoking habit and its classification. *The Practitioner,* 1974, 212, 791-800.

Sanabria, F. Los riesgos del fumador. www.gay.mexico.com.mx

Sánchez, J. Aumentan las muertes por cáncer en el pulmón, *El Universal,* 24 de abril de 2006.

Sansores, R. y Espinoza, A. Programa cognitivo conductual de la clínica para dejar de fumar, 1999, *Instituto Nacional de Enfermedades Respiratorias,* México, 1999, 13-32.

Schachter, S. Nicotine regulation in heavy and light smokers. *Journal of Experimental Psychology,* 1977, 106, 5-12.

Schachter, S. Don't sell the habit breakers short. *Psychology Today,* 1982, 127-133.

Singer, J. y Switzer, E. *Mind play,* Prentice Hall: New Jersey, 1980.

Sutherland, G. This is what you gain, 2005, www.netdoctor.co.uk

Tapia, R. Tabaquismo. *Salud Pública de México,* 1980, 6, 601-615.

Tongas, P. The control of smoking. *Psychiatric Clinics of North America,* 1978, 1, 363-376.

US Department of Health & Human Services. *The health consequences of smoking: A Report of the Surgeon General.* Centers for Disease Control and Prevention (CDC), Office on Smoking and Health. 2004.

—— The health benefits of smoking cessation: A Report of the Surgeon General. *Centers for Disease Control and Prevention* (CDC), Office on Smoking and Health. 1990.

Wolpe, J. *The practice of behavior therapy,* Pergamon Press, Nueva York, 1969.

Acerca del autor

El doctor Roberto Navarro Arias es Maestro en Letras, Maestro en Ciencias (Psicología) y Doctor en Psicología Clínica por la Universidad de Saint Louis, Missouri, EUA. Es iniciador de la Psicoterapia Psicoenergética; psicoterapeuta, profesor e investigador. Autor de una veintena de artículos y diez libros. Fue director del Centro de Orientación Psicológica y del Departamento de Psicología de la Universidad Iberoamericana. Dirigió el Diplomado en Desarrollo Humano en la Universidad Intercontinental y el Diplomado en psicoterapia Psicoenergética en el Centro de Estudios para el Desarrollo de la Conciencia. Dirige el Instituto Mexicano para la Enseñanza e Investigación en Psicoterapia Psicoenergética. Ha impartido talleres de entrenamiento en psicoterapia corporal en varias universidades e institutos.